★ ★ ★

二度と忘れない！
イラストで覚える

大人の教養ことば

齋藤孝 Saitou Takashi

WANI BOOKS

はじめに 👓

テレビ番組のコメンテーターなどをしておりますと、いわゆる「正しい日本語」について説明を求められる場面が多くあります。そこで頭を抱えるのが、間違った言葉を使っている人がすでに"過半数"を占めている場合です。

言葉とは、あたかも生物の進化のごとく、時代に合ったものが生き残り、そうでないものは次第に使われなくなっていきます。かつては「間違い」とされていた言葉が、あまりに多くの人が誤って使うことで、正式に辞書で扱われるようになることも少なくありません。これも、言葉の生命力ゆえでしょう。

一方で、特に社会人と呼ばれる年代の人が、驚くような言葉の間違いをした場合、その人の知性を疑われてしまうこともあります。それは、多くの人が「社会人なら、日本語は当たり前にできるもの」→「当たり前ができない人」→「この人は、常識がない」と考えるためです。

したがって、**いくら言葉は変わりゆくものだとしても、社会人としての「常識」として、一般的な日本語の意味合いを**

おさえておく必要が生じます。

　そこで、本書では"間違えやすい日本語"を厳選して集めました。「これだけ覚えておけば恥をかかない」という、もっとも重要なポイントをおさえるのみならず、印象が記憶に残りやすいよう、イラストをふんだんに使用することで「これさえ読めば、二度と間違えない！」大人のための画期的な一冊となっています。

　また、日本語やその誤用に関する書籍は数多あれど、「しっかり目を通したのに……どっちが間違いなんだっけ？」と知識が記憶に残らず、結果として振り出しに戻ってしまった経験を持つ人も多いのではないでしょうか？　実は人間には、ただ一覧表を眺めるだけではなかなか頭に入ってこない知識でも、「へえ、なるほど！」「これは面白い語源だ！」など、**"感情が動くと覚えやすい"**傾向があります。

　本書ではこの点に着目し、イラストに加えて、私自身の忘

れられないエピソードも多数盛り込んでおります。つまり、イラストから記憶にアプローチするだけでなく、エピソードによる感情の動きからも記憶にアプローチできる、いわば「感情に訴えかける言葉辞典」として、"覚えやすい"一冊となっているわけです。

　ふとした言葉遣いにこそ、その人の教養がにじみ出るものです。

　一般的には本の中でしか目にしないような書き言葉を、普段の会話の中にほんの少し加えてみることで、「この人は、素敵な話し方をする、教養のある人だ」と、周囲の人たちから一目置かれることでしょう。

「これさえ読めば、二度と間違えない！」本書を使って、「大人の常識としての日本語力」を身につけていただければ幸いです。

齋藤孝

目 次

第 2 章　本来の意味を知らない人が多い日本語

第 3 章 　言い間違いの多い日本語

二度と忘れない覚え方

「正しい日本語」を覚えたはずなのに、どうしても間違えてしまうということはありませんか？　この本では、"二度と忘れない、二度と間違えない"をテーマとし、その言葉にまつわるイラストも掲載しています。ぜひ例文やイラストと一緒に覚えて、「正しい日本語」を使いこなしましょう。

●正しい読み方をチェック！

●それぞれの言葉に、印象に残るようなイラストを収録しています。言葉のイメージも一緒に覚えて、二度と忘れないようにしましょう。

●1章はキーワードと一緒に覚えるのがおすすめです。

●項目は章ごとに異なります。その言葉の"本当の意味"や"正しい使い方"をよく理解しましょう。

第 **1** 章

意味を勘違い
している人が
多い日本語

ここでは意味を"勘違い"して使われている言葉を、
ピックアップしました。

あの「破天荒」芸人は、
実は破天荒ではありませんし、いくら探しても、
この世に「圧巻」の景色は存在しません……。
厳粛な場で誤用して「失笑」されないよう
お気をつけください。
これだけ覚えておけば、「御の字」ではないでしょうか。

※「」内の言葉はすべて、"本当の意味"を章内でご紹介しています。
破天荒（P18）、圧巻（P38）、失笑（P22）、御の字（P73）

確信犯
かくしんはん

本当の意味

政治的、思想的、あるいは宗教的な確信に基づいてなされる犯罪。
政治犯、思想犯などに見られる。

> 正しい
> 使い方
>
> **革命を起こそうと国家権力に立ち向かった彼の行為は、確信犯といえよう。**

誤 炎上するような投稿ばかりするあの人は、おそらく確信犯だ。

解　説

黒人の権利獲得を訴え続けた、あのネルソン・マンデラに学ぶ!

　多くの方が、犯罪だとわかっていて罪を犯すという「故意」と勘
違いされているようですが、もともとは、**政治などの信念に基づい
て行われる犯罪のことをいいます**。つまり、強い思想や主義主張を
持っている人を指す言葉なんです。ちなみに、「確信犯」という言
葉で私の頭に浮かぶのは、生涯をかけて黒人の権利獲得を訴えた、
ネルソン・マンデラ。1962年に逮捕されて終身刑の判決を受けなが
ら1990年に釈放され、その4年後、なんと全人種が参加した選挙で
大統領に!　ノーベル平和賞も受賞した彼のドラマティックな人生

は『インビクタス　負けざる者たち』という映画にもなっています
が、長い投獄生活にも負けぬ彼の「確信犯」たる人生は、強く胸を
打つものがあります。特に彼の演説「**Our march to freedom
is irreversible. We have waited too long for our
freedom. We can no longer wait!（我々の自由への
行進は後戻りできない。私たちは待ちすぎた。もはや、
もう待てない！）**」には、私も大いに感動しまして、自書に演
説を引用したほどです。

姑息

本当の意味

しばらくの間、息をつくこと。
根本的な解決をせずに、場当たり的に物事をすること。その場のがれ。

正しい使い方 ビル工事の騒音を、耳栓という姑息な手段でやり過ごすしかなかった。

誤 彼は勝ったが、そのやり口は実に姑息なものだった。

解 説

時代劇でよく聞く台詞「姑息なやつめ」が、誤用の原因に!?

「姑息なやつめ」というのは時代劇における定番の台詞ですが、ここで卑怯といった意味合いで用いられたことが、誤用が広がった理由の一つかもしれません。「姑息」という言葉の中に入っている「息」とは、吸って吐く呼吸のこと。ほんの短いこの一息が「息をつく」ということですから、この「息」という字から**「一息つく＝短く一時的なもの・その場限り」**と覚えるとよいでしょう。

　余談ですが、私は呼吸法の研究をしていたことがあります。「息」とは面白いもので、吸っているときは命が高揚し、吐いていくと次

第に心が静かになって、吐き終わったわずか一瞬、静かな空白とも
いえる瞬間が訪れる——。私はこの"軽い死"とも思える瞬間を
「出止」と名づけ、「出止」の瞬間を見つめることこそが悟りへの道
へ繋がると考えました。今、呼吸に焦点を当て"今この瞬間"を感
じる「マインドフルネス」が流行っていますが、私の呼吸法研究と
共通する部分が大きいように感じます。

破天荒
は　てん　こう

キーワード

初の偉業

本当の意味

今まで誰もしなかったことを初めて成し遂げること。
前例のないこと。前代未聞。

正しい
使い方

一介の青年が成し遂げたのは、まさ
に、歴史に残る破天荒な試みだった。

誤 彼は破天荒な性格の持ち主で、「アウトローな人」と言われている。

解　説

あの有名な「破天荒芸人」は、実は「破天荒」ではなかった!

「破天荒芸人」などの表現が広まったことで、豪快、大胆といった
間違った認識を持っている方が多いように感じます。しかし、本来
「破天荒」とは唐の時代に官吏の試験の合格者が一人も出ず「天荒」
と呼ばれた土地に、初めての合格者が出たことで、「天荒を破った」
と称したという故事によるもの。つまり、「この高校から、初めて
東大に行った!」といった意味合いですから、**本来は非常に真面目
な人を指す言葉なんですね。**
　ちなみに、平成ノブシコブシの吉村さんとはテレビで共演させて

いただいたことがありますが、芸人さんの心意気とは素晴らしいもので「(破天荒の) 本当の意味を聞いたけれど、今さら変えられない！」とおっしゃって、大胆にも全裸でスタジオ中を歩きまわる姿に、思わず感服したものです。とはいえ、裸になって歩きまわったり、脇で音を鳴らすような芸は、本来の「破天荒」ではありませんので、くれぐれも誤解なきよう。

敷居が高い

キーワード

不義理

本当の意味

相手に不義理や面目のないことがあるので、その人の家に行きにくいこと。敷居がまたげない。

 正しい使い方 何年も連絡をとっていないので、今さら先生を訪ねるのは敷居が高い。

誤 これほどの高級店だと、自分にはどうも敷居が高いと感じる。

解説

「敷居が高い」＝「高級なイメージ」という考えは、今すぐ削除!

「一見さんお断り」という表現にも似た、どこか高級なイメージを持たれる方が多いのかもしれません。しかし、この言葉は**相手に対して「不義理」があるという点がポイントです**。たとえば借金があったり、長いこと会っていなかったりすると、「どうも、あの家は敷居が高くてねぇ」ということになります。

そもそも「敷居」とは、家や部屋に入るための出入り口となる開口部の下にある横木のこと。この「敷居」が相手との境目になっているのでしょう。ところが、最近では気軽に他人の家に行くことも

少なくなり、この「敷居」という言葉自体が廃れつつあるように感じます。「こんなやつに、二度とうちの敷居はまたがせない！」といった台詞もすっかり聞かなくなりましたが、個人的には、できれば残したい日本語の一つです。そういえば、学生たちが「この前〇〇の誘い断ったから、フォローしてもブロックされるかもな〜」とSNSの話をしていましたが、まさに現代の「敷居が高い」話なのかもしれませんね。

失笑
しっしょう

キーワード
―――
プッ

本当の意味

おかしさにこらえ切れず、思わずふき出して笑うこと。

正しい
使い方

厳粛な場にもかかわらず、先方の言い間違えに失笑した。

誤

彼の愚かな物言いにあきれて、みなが失笑した。

解説

有名番組「笑ってはいけないシリーズ」＝「失笑」と覚えよ！

　いわゆる「冷笑」「嘲笑」などと混同され、「こいつ、くだらないことばかり言って」などと、あざけり笑うときに使われているようですが、本来の意味は、**笑ってはいけない場面で、思わず「ぷっ」と、笑いが漏れてしまうこと**。ちなみに学生時代、中学3年間を通じてフルートを練習・演奏するというプログラムがあったのですが、3年生になってもまだ音すら出せない友人がおりまして、私自身「危うく失笑するところだった」ことがあります。頑張っている友人を笑ってはいけないと、ちぎれるほど腕をつねったものです。

触り
さわ

キーワード
いい所

本当の意味

手などで触れること。触れたときの感触。音楽の聞かせどころや、物語のもっとも印象的な部分。

正しい
使い方

時間がないので話の触りだけ聞いたが、十分に理解できたと思う。

誤 曲のサビではなく、とりあえず冒頭の触りだけ聴かせてほしい。

解説

曲の「サビ（一番の聞かせどころ）」こそが「触り」である!

「曲の触り」「触りの一節」などというと、冒頭部分のことだと勘違いする方もいますが、正しくは**一番よいところ、という意味合いです**。今ではすっかりサブスクの時代となりまして、昔の曲のように、イントロやAメロを経ての「触り（＝サビ）」というスタイルが通用しなくなっていますね。イントロがどんどん短くなり、そもそも「触り」から始まる曲もあるほど。学生とカラオケに行って昔の名曲を歌っても「触り」以外は「何を歌っているのかわかりません」と言われる始末です。

なしくずし

本当の意味

物事を少しずつ済ませてゆくこと。徐々に行うこと。借金を少しずつ返していくこと。

正しい
使い方

机の上にたまった資料を、
なしくずしに処理していくところだ。

誤 会議の雰囲気が悪くなり、そのまま、なしくずしに終わってしまった。

解 説

「なしくずし」は、決してネガティブな言葉ではなかった!

「なしくずし」という言葉自体に、あたかも何かがくずれていくような、どこかネガティブなイメージがあるのかもしれません。しかし、本来の意味は、**借金を一気に返済するのではなく、少しずつ返していくようなこと、転じて、物事を少しずつ済ませていくことを指します。**

漢字では、もともと「済し崩し」と書きますが、この字は、返済の「済」なんですね。漢字を知ることで「なるほど、返済をくずしていくわけか!」と理解しやすくなるのではないでしょうか。

すみません

煮詰まる

キーワード

いよいよ
結論

本当の意味

議論や検討が十分に出尽くして、結論を出せる段階になること。また、煮えて水分がなくなること。

正しい
使い方

**長引いた会議も煮詰まり、
ようやく結論に辿り着きそうだ。**

誤 意見の収集がつかず議論が煮詰まったので、
今日のところは結論が出ないだろう。

解説

**会議が「煮詰まった」なら、
それは上手くいっている証拠!**

　語感が似ているため「行き詰まる」と混同される方が多いのかもしれませんが、意味合いはまるで違います。**「煮詰まる」は、いわばおいしくコトコト「煮詰めた」シチューのようなもの。**「3日も煮詰めて、最高の味に!」「ようやく煮詰まったから、さあ食べよう!」となるわけですね。

　最近では、さすがに圧力鍋の出番が多くなっているようですが、じっくり煮詰めた鍋を前に「そろそろかな?」といった風情は大切にしたいものです。

ついに
煮詰まってきたぞ~!!

役不足

キーワード
役目が
軽すぎ

本当の意味

その人の力量に比べて、与えられた役目が不相応に軽いこと。
振り当てられた役目に満足しないこと。

正しい
使い方

事業部長でもある彼女に、
この仕事は役不足の感がある。

誤 新人の私にはまだまだ役不足ですが、頑張りたいと思います。

解説

「私には役不足です」なんて言うあなたは「力不足」かも!?

　間違った使い方をしている人が多い表現の一つです。役が「不足」
していて軽いわけですから、**その人にとっては、いささか軽い役割、
ということですね。よく、謙遜の意味で「私では役不足です！」な
どとおっしゃる方がいますが、この場合、本来は「力不足」と言わ
なければいけないわけです。**ちなみに、正しい意味合いで「自分に
は役不足だな」と不満に思う仕事もあるかもしれませんが、かの日
銀総裁で元内閣総理大臣でもあった高橋是清は「どんな取るに足ら
ないと思われる仕事でも"役不足"などと思ってはいけない。どん

な仕事であっても、丁稚奉公に戻ったつもりでやり直すものだ」と話したそうです。豊臣秀吉も織田信長の草履を自らの懐であたためるところからスタートしましたし、鉄鋼王として名高いアンドリュー・カーネギーも、もともとは電信技手だったわけです。**たとえ役不足だと思う仕事であっても、しっかり務め上げることで出世していくもの**。あなたの仕事ぶりも、きっと誰かが見ているはずですよ。

おもむろに

本当の意味

動き方が落ち着いてゆっくりしているさま。しずかに。ゆるやかに。

正しい
使い方

その男は、おもむろに重い口を開き始めた。

✕ 誤 曲がり角から犬がおもむろに飛び出してきたので、ハッとした。

解　説

まずは「徐に＝おもむろに」と、しっかり読み方を覚えよう!

「おもむろに」は漢字で「徐に」と書きます。この漢字が「徐行」の「徐」であることに、お気づきでしょうか。**「徐行」ですから、ゆっくり、ゆるやかに落ち着いている、といった意味合いになります。**ですから、まずは漢字とセットで覚えるとよいでしょう。ところで、私は「おもむろに口を開く」といった状況に憧れておりまして、というのも、おもむろに口を開いて出てくる言葉には、低くてセクシーな声が似合うように感じるためです。したがって、私のように声の高い人間には、おもむろに口を開くことが似合わない気がする

のみならず、聞き手側からの圧迫すら感じるため、0.5秒も黙ることなくしゃべり続けるという宿命とともに生きています。とはいえ、声の高い者には「おもむろに」口を開くことが似合わない一方で、相手に威圧感を与えないというよさもあります。体の大きい動物の声が低いように、人間も声が低いとどこか威圧的に感じられる傾向があるようです。今の時代には、案外、私のように声が高い方が合っているのかもしれない……と、自分に言い聞かせております。

穿った
<small>うが</small>

キーワード

本質をつく

本当の意味

穴をあける。普通には知られていない物事の真相や機微を捉える。

> 正しい
> 使い方
>
> **この学者は、なかなか穿った見方を
> する人物だ。**

誤　それは、あまりにも穿った見方だと言わざるをえない。

解説

故事成語「雨垂れ石を穿つ」から、正しい「穿つ」の意味を知る!
<small>あまだ　いし　うが</small>

　おもに「穿った見方をする」といった表現で使われる言葉です。
どうも物事を疑って見る、あるいは、人と違うことをわざとやって
みせる「奇を衒う」といった言葉と混同されている方が多いようで
<small>てら</small>
すが、これとは逆に、**本質を見抜くという意味を持つ言葉です。**
　みなさんは「雨垂れ石を穿つ」という故事成語をご存じでしょう
か。これは、一つの場所に落ちる雨垂れが、長い時間をかけること
で石に穴をあけることもある、つまり、継続すれば大きな成功をお
さめるといった意味合いです。この故事成語を知ることで、石に穴

をあけてしまうほどに「本質を貫く」といったイメージが湧きやすくなることでしょう。あるいは、「穿」という文字の中に「穴」という漢字が入っていることに注目してもよいかもしれません。必然的に「本質に穴をあける」といった印象が強くなるかと思います。つまり、少し変わった角度から物事を疑って見ることは「奇を衒う」行為であって「穿った見方」ではないのです。

にやける

本当の意味

男性が女性のようになよなよと色っぽい様子をする。うわついている。

正しい
使い方

男性ということを忘れるほど、
彼はにやけて見える。

誤 後輩のわかりやすい言い訳に、思わずにやけてしまった。

解 説

にやっと笑う様子を思い浮かべたなら……それは間違いです！

「にやりとする」「にやっとする」といった表現と混同されること
で、薄笑いを浮かべるという意味合いで使われてしまうのでしょ
う。しかし、「にやけ・にゃけ（若気）」という言葉が大本にありま
して、これは、かつて貴い人間のそばに侍り男色の対象となった少
年を指す言葉でした。つまり、男色の対象であるために、**どこかな**
よなよと色っぽい感じを表す言葉だったわけですね。

今でこそ「多様な性を認めよう」などと議論されていますが、か
つての日本において、武将と小姓のように、男色は珍しいことでは

ありませんでした。ですから、そもそも「女性のようになよなよする」といった表現自体が、おかしいのかもしれません。男性でも、色っぽく美しい人は、世界にごまんといるのです。**男性であろうが、女性であろうが"にやけて"何が悪いのでしょう**。ご自身の本来のスタイルで生きる方が増えることを、祈るばかりです。

情けは人の為ならず

<ruby>情<rt>なさ</rt></ruby>けは<ruby>人<rt>ひと</rt></ruby>の<ruby>為<rt>ため</rt></ruby>ならず

キーワード

巡ってくる

本当の意味

親切にすれば、巡り巡って自分によい報いが戻ってくること。

正しい使い方

「情けは人の為ならず」ということで、全額を寄付することにした。

誤 息子を甘やかす夫に対して「情けは人の為ならず」と言いたい。

解説

誰かのための優しさは、きっと、あなたに戻ってくるはず!

他人に優しくするとよいことが返ってくるという言葉ですが、私はこれを「褒めは人の為ならず」と言い換えて"褒め"を推奨することもあります。なぜなら情けと同じく、褒めも必ず返ってくるものなんですね。

今の時代"情け"と言われてもピンとこないかもしれませんが、ぜひ、ケチらずにSNSで「いいね」を押したり、不安そうな人をポジティブな言葉で褒めたりと、情けと褒めをぐるぐる回してほしいと思います。見返りは、求めずとも必ず巡ってくるものですよ。

乱入

らん　にゅう

キーワード

大勢

本当の意味

大勢の人が、秩序なく乱暴に押し入ること。無法に入り乱れて中に入ること。

正しい
使い方
反体制者たちが、官邸へと乱入した。

誤　サッカーの試合中、一人の熱狂的ファンがピッチに乱入した。

解　説

あのお約束の「乱入」は、
実は正しい「乱入」ではなかった!?

たしかに、サッカーの試合中などで裸になった観客がピッチに入ってきたら、その姿が乱れているという印象から「乱入」と言いたくなる気持ちもわかります。漢字の印象とは侮れないものですね。

しかし、本来の意味は**多くの人が入り乱れて押し入る、ということなんです**。したがって、試合が終わって大勢の観客がピッチになだれ込むのは正しい「乱入」でも、江頭2:50さんの「お約束」の乱入は、残念ながら本来の意味ではないというわけです。

号泣

ごう きゅう

キーワード
──
大声

本当の意味

大声をあげて泣くこと。

正しい
使い方

好きな俳優の訃報に、人目もはばからず号泣した。

誤 あまりに感動的だったので、映画館で声は出さずに号泣した。

解説

みなさん、正しく「号泣」する準備はできていますか……?

　はげしく泣くのと大声をあげて泣くのとでは、あまり違いがないようにも感じますが、はげしく泣いたからといって、大声を出すとは限りません。「号泣」は、**この「大声」**がポイントなのです。

　ちなみに、この言葉から思い出すのは江國香織さんの小説『号泣する準備はできていた』(新潮社)。人生は何が起きるかわかりませんので準備をしておきたいものですが、私はほとんど泣くことがありません。唯一「号泣」したのは、飼っていた犬が亡くなったとき。親のときにも出なかった涙が出たものです。

いそいそ

キーワード

ウキウキ

本当の意味

心が浮き立って、動きにはずみがついているさま。心が勇むさま。

正しい
使い方

新婚旅行を控え、いそいそと二人分の旅支度を進める。

誤 主役の邪魔にならぬよう、脇役はいそいそと帰路についた。

解説

ウキウキしていないと 「いそいそ」とすることはできない!?

　忙しく急いでいる様子と混同されるのは、「忙しい」の「いそ」から来ているようです。つまり、同じ語源ではあるものの、正しい使い方としては、女性が美しい晴れ着などで「いそいそ」と出かけていくといったような、**嬉しさに溢れる様子を指すわけです。**

　ただし、忙しくしている場合であっても、嬉しさのあまり心が急いているのであれば"許容範囲"の使い方であるといえるかもしれません。とはいえ、正しい意味合いを覚えておいてくださいね。

あとは
よろしくね〜♪

圧巻
あっかん

本当の意味

書物や楽曲などの中でもっとも優れた部分。他を圧倒するほど優れた詩文。全体の中でもっとも優れた部分。出色。

正しい
使い方

冒頭のピアノソロは、まさに圧巻であった。

誤 この地方の雪景色は素晴らしく、圧巻である。

👓
解説

世界のどこを探しても、「圧巻の景色」は存在しなかった!

　広大な景色などを前に「圧巻だね!」と言う方がいらっしゃいますが、これは実は間違い。本来は「壮観だね!」と言うべきところです。「圧巻」は比較対象があるときに使います。

「圧巻」とは、昔の中国で役人になるための試験があり、その合格者の答案（巻物）が積み上げられていき、頂点に載せられたのが、もっとも優れた「1位」の答案だったことに基づく言葉です。他を圧するほど素晴らしい巻（答案）ということです。これが転じて、**もっとも優れたことを指すようになったのですね。**ちなみに、「傑出」「抜群」も同義です。

辛党

<small>から</small> <small>とう</small>

キーワード

酒好き

本当の意味

菓子などの甘いものよりも酒類を好む人。左党。

正しい
使い方
辛党の彼には、
珍しい酒でも買っていこうと思う。

誤 タイ料理やインド料理が好きな彼は、辛党で知られている。

 解説 「辛党」の人が好きなのは、
辛いものではなく「○○」だった!

「辛党」といっても、漢字の通り「辛いものが好き」というわけではないんですね。甘党か辛党か、という話になったならば、それはすなわち「お茶を飲んで甘いものを食べるか、もしくは酒を飲むか?」という意味になるからです。そう、辛党とは、**酒類を好む人のことを指すわけです。**

もちろん、「お酒も甘いものも好き」という方もいると思いますが、どちらかといえば酒好きの方は辛いものを好む傾向があるのかもしれませんね。

強か

キーワード

しっかり

本当の意味

非常に強くて、容易には屈しないさま。手ごわいさま。しっかりしているさま。たくさん。

正しい
使い方

彼女は、戦国の世を強かに生きた豪傑として有名だ。

誤 計算高く強かな女性は、同性に好かれないだろう。

👓 解 説

「強か」と書いて「したたか」と読む……その心は!?

『宇津保物語』『源氏物語』にも登場するような古い言葉で、もともとは**強くてしっかりしているといった意味合い**です。屈しない、一筋縄ではいかないといったところから、計算高いというニュアンスが出てきたのかもしれませんね。

『あざとくて何が悪いの?』という番組がありますが、誤った意味合いは、この「あざとい」に近いのでしょう。とはいえ、あざとさ（＝誤りの「強か」さ）も、今の世を生き抜くには必要な"強さ"だといえるかもしれません。

俄然

<ruby>俄<rt>が</rt></ruby><ruby>然<rt>ぜん</rt></ruby>

キーワード
—
にわかに

本当の意味

急に。突然。にわかに。だしぬけなさま。

正しい
使い方

親友のあたたかい励ましに、俄然、勇気が出てきた。

誤 日本食と洋食では、俄然、日本食が好きだ。

解 説

「俄然」の「俄」の意味を知って、
正しい意味を覚えよう!

　漢字をよく見てください。**俄然の「俄」は"にわか"と読みますから「にわかに＝突然・急に」となるわけです。** おそらく「断然」と混同されて「ますます」「とっても」といったイメージがあるのでしょう。「が」という音の強さも、これに拍車をかけているのかもしれません。ですが、漢字に注目することで間違えづらくなるはずです。

　映画『THE FIRST SLAM DUNK』を観て急にうずうずして「俄然、バスケをやる気になった」なら、それは正しい使い方です。

憮然
ぶぜん

キーワード
心ここに
あらず

本当の意味

落胆して呆然とするさま。どうしようもなく、ぼんやりするさま。失望や不満でむなしくやり切れない思いでいるさま。

正しい
使い方

**まさかの不合格の報に、
息子は憮然としている。**

誤　先方のワガママな要望に対して、上司は憮然とした様子だ。

解説 　**怒ってムッとしている様子を思い浮かべたなら、
それは勘違い!**

　勘違いされやすい言葉の一つですが、これも漢字に注目することで間違いが減るはずです。憮然の「憮」を見ると、左側が"りっしんべん"ですね。**"りっしんべん"は「心」を表しますから、まさに「心」が「無」く「心ここにあらず」というわけです。**こう考えることで、本来の意味が理解しやすくなることでしょう。

　おそらく「ぶ」という音の印象が、仏頂面の「ぶ」、ぶーっとするの「ぶ」など、どこか不満気なイメージを抱かせるのでしょう。

吝か
でない

キーワード
───
惜しまない

本当の意味

吝かは物惜しみするさま。け
ちなこと。(「…でない」の形
で)努力を惜しまない。思い
切りよくする。

正しい
使い方

師匠のご希望とあらば、
多少の苦労も吝かではありません。

誤 仕方がないので、私からご提案するのも吝かではない。

解説 「はい、喜んで〜!」=「吝かでない」とインプット!

「吝かではない」とは、努力をためらわないということ。何事も喜
んでする、思い切りよくスパッとする、という意味合いです。**吝か**
とは、漢字の通り「ケチ」ということですから、それを否定して「私
は努力を惜しむようなケチではありません!」というわけですね。

どんな注文に対しても大きな声で「はい、喜んで〜!」と言う居
酒屋がありますが、まさにあ
の姿勢と心がけこそ「吝かで
ない」といえるでしょう。

吝かではございません

本当の意味わかって使ってる？ カタカナ語 その1

現代社会では様々なカタカナ語（外来語）を使用する機会があります。社会で飛び交うカタカナ語やビジネス用語の、本当の意味を理解していますか？　ここでは社会生活やビジネスでよく耳にするカタカナ語を紹介します。

■ ステレオタイプ（stereotype）

意味 考え方や表現、態度などが型にはまっていて新鮮味がないこと。「ステロタイプ」とも。

解説 いわゆる紋切り型の表現を指す言葉。工夫がなくてオリジナリティが感じられないなど、どちらかといえば否定的に使われることが多い言葉です。

■ リテラシー（literacy）

意味 読み書きの能力。特定の分野についての知識や、それを活用する能力。

解説 かつての識字能力という意味合いから、今では「メディアリテラシー」などといって、その分野についての知識を活用する力、という意味合いで使うことが多くなっています。

■ イノベーション（innovation）

意味 これまでとは異なる新しい発展。新機軸。経済活動の機動力となる技術革新。

解説 アメリカの経済学者シュンペーターが提唱した概念。技術革新という意味にとどまらず、新たな市場の開拓やシステムの刷新など、幅広い意味で使われています。

■ ソリューション（solution）

意味 問題の解明・解決。コンピュータシステムの導入によって諸問題を解決する方法のこと。

解説 「ソリューションを提案する」といった形で使われます。旧来の知識を継承する伝統的な学習法に対し、「この事例についてあなたはどうしますか？」という問いに答える問題解決型学習こそ、ソリューション型の頭の使い方といえるでしょう。

■ クラウドファンディング（crowd funding）

意味 ある目的のため、不特定多数の支援者・賛同者からインターネットを通じて資金を集めること。

解説 「クラウドファンディングで支援をする」などと言いますが、ファンドは資金、ファンディングは資金調達という意味合いです。ちなみにクラウドは「雲」ではなく「大衆」。イメージで解釈しないよう気をつけましょう。

■ アジェンダ（agenda）

意味 行動計画。予定表。議題。また、議事日程。

解説 日本語に置き換えるならば、予定や計画のこと。「アジェンダ」と口にするからには、日程（時間）と手順を具体的に決めておく必要があります。そうでないと、上司に「アジェンダに落とし込んできて」と言われてしまいますよ。

■ コミット（commit）

意味 関係すること。かかわりを持つこと。

解説 「結果にコミットする」といったCMもありますが、結果を出すことに深くかかわりを持つといった意味合いがあります。一方で、ある程度の約束はしつつも、確約まではしないといった、なんとも微妙なニュアンスの言葉です。

■ フィードバック（feedback）

意味 結果の反応によって、行動を変化させること。結果が原因側に戻って、原因に影響を与えること。

解説 反応したり意見を返したりすることにとどまらず、それを生かした形で行動を変えることも含みます。「フィードバックされた情報を商品の開発に生かす」などのように使います。

須く

本当の意味

（下に「べし」「べきだ」を伴い）なすべきこととして。当然。
本来ならば。ぜひとも。

 よい大学に行こうと思うなら、
須く、勉学に勤しむべし。

誤 この南島に降り立った日本の部隊は、須く全滅した。

解説

私の失敗エピソードを知ったなら、もう、間違えることはないはず!

　もともと「**当然なすべきこととして**」「**本来ならば**」○○すべき
である、という意味合いですから、「須く」には必ず「べし（べき）」
がつかないといけません。しかし、これを忘れて、なんとなく「全
員、みんな」というニュアンスで使ってしまう人が多いのでしょう。
　かく言う私もその一人。少し前、100名ほどの学生を前にオンラ
インで授業をしていたところ、やはり「須く」を学生全員といった
意味合いで使い、「べし」をつけ忘れたことがあるんです。すると、
一人の学生がコメント欄に「『須く』は『べし』をつけるのが正解

です」と書いたんですね。おそらく、なかなか「べし」が出てこないので、気持ちが悪かったんでしょう。しかも、日本語に関する本をこれだけ書いているのに、と。学生には大変申し訳ないことをしましたが、私が日々、どれだけのプレッシャーの中で生き、しゃべり、書いているか……。このエピソードからおわかりいただけるのではないでしょうか。

先生、「須く」は後ろに「べし」をつけるのが正解ですよ　by学生

気が置けない

<ruby>気<rt>き</rt></ruby>が<ruby>置<rt>お</rt></ruby>けない

キーワード

気楽

本当の意味

気詰まりでない。気づかいしなくてよい。
遠慮する必要がなく、うちとけることができる。

**正しい
使い方** 彼とは小さい頃からの付き合いで、
気が置けない友人の一人だ。

誤 これまでの蛮行をかえりみるに、彼の国の動向には気が置けない。

解説

あなたがもっとも気を許す人こそが「気が置けない」人なんです!

気を「置けない」という表現が否定的な意味合いを想起させることから、「油断できない」といった、正反対の意味に勘違いされることが多い言葉です。一方で、仮に「気が置ける人」と表現した場合、これは「何となく打ち解けられない人、油断できない人」という意味になるわけですが、さすがに、今の感覚ですと少し無理があるように感じるのは、はたして私だけでしょうか。つまり、語感としては"反対"の意味合いの方がフィットするんですね。

もともと、小説家の田山花袋が作品の中で使ったことからできた

言葉ですから、さほど古い言葉でも伝統のある言葉でもありません。しかも、「心許せる」「気を遣わなくていい」など、いくらでも言い換えが可能なうえに、これだけ間違える人が多いのです。そこで、これをお読みになっているみなさんにおかれましては、正しい意味を知ったうえで、これからは「気が置けないという表現を使わない」といった選択をしてもよいのかもしれません。

割愛
かつ あい

キーワード
泣く泣く

本当の意味

愛着の気持ちを断ち切ること。
惜しく思うものを、思い切って捨てたり省略したりすること。

 正しい
使い方

先生の玉稿ではあるが、文字数の関
係で一部割愛することになった。

 誤 このテキストは論旨がズレているため、容赦なく割愛する予定だ。

解説

「"愛"があるので、泣く泣く"割"く」と、覚えよう!

　どうも、冷たい印象を持たれがちのようですが、割愛の「愛」を
意識していただくと、間違えづらいかもしれません。つまり、**「愛」
があるのに、それを「割」かなければいけないと考えれば、気持ち
を断ち切る、惜しみながら手放すといったイメージを持ちやすいの
ではないでしょうか**。もともとは仏教用語であるこの言葉の大本に
は、愛情や愛着といった感情があるんですね。ただ断ち切るだけな
らば、削除、あるいは除名など「除く」だけでいいわけですから。
　ちなみに、特殊な使われ方をする言葉として「割愛願い」という

ものがあります。これは、大学などで教職に就いている人が別の大学に移ることになった場合、在籍している大学に対して「割愛願い」というものを申請しないといけないんです。その人が本当に必要で惜しまれている存在かどうかは別として、「除名願い」ではなく「割愛願い」なんですね。こうした使われ方もあるという一例です。

小春日和
こ はる び より

キーワード
──
春ではない

本当の意味

冬の初め（陰暦10月）頃の、あたたかく穏やかな天気。小六月。

正しい
使い方

「小春日和」という言葉にふさわしい、
秋晴れの一日。

誤

息子の入学式は、桜の美しい小春日和となった。

解 説

名曲『秋桜』を口ずさめば、
コスモス
二度と間違えることはありません!

　11月頃の、まるで春のようにあたたかい日を「小春日和」といいます。山口百恵さんの名曲『秋桜』では、「淡紅の秋桜が秋の日の」という歌詞で始まり、サビで「こんな小春日和の穏やかな日は」と続きます。歌詞を手がけられた、さだまさしさんの文学的センスが光る、実に素晴らしい作品です。みなさんも、この曲を口ずさむようになれば、すぐに「小春日和は春ではない」と覚えられるはずですよ!

　正確には、晩秋から初冬にかけての暖かい日です。旧暦の10月頃、今の11月から12月上旬頃です。小さい春が来た感じでしょうか。

世間擦れ
せけんずれ

キーワード

社会に
揉まれた

本当の意味

実社会で揉まれて苦労し、ずるがしこくなっていること。

正しい使い方 育ちのよい彼には、世間擦れしたところが見当たらない。

誤 彼は一風変わった人物であり、考え方も世間擦れしている。

 解説

世間から「ズレ」ているのではなく、「擦れ」ているんです!

　世の中を渡っていく中でいろいろな意味で「擦れ」ていくことが、同じ音である「ズレ」と混同され、「ズレている」という勘違いをされているんですね。ですから、まずは**実社会に揉まれて「擦れ」ているといった漢字を覚えておくとよいでしょう。**

　みなさんも「あの人は擦れちゃったねえ」なんて話すことはありませんか?　この、世間に「擦れ」て、ずるがしこくなった状態こそが、正しい「世間擦れ」。決して世間から「ズレ」ているわけではありませんよ。

第 1 章　意味を勘違いしている人が多い日本語　053

逆鱗に触れる

<ruby>逆<rt>げき</rt></ruby><ruby>鱗<rt>りん</rt></ruby>に<ruby>触<rt>ふ</rt></ruby>れる

キーワード
怒り
ポイント

本当の意味

天子の怒りを受ける。目上の人を怒らせること。
はげしく叱られること。

 正しい
使い方

ありがたいアドバイスを守らずに敗北したので、師匠の逆鱗に触れた。

 誤　いつもと違うエサを与えたところ、愛犬の逆鱗に触れることとなった。

 解　説

「逆鱗に触れる」のは、あくまで"目上の人"なんです!

　中国には、龍の喉元に、逆さに生えた鱗が1枚あって、そこに触れると龍が怒り出すといった故事があります。ご存じの通り、中国で龍といえば権力者、つまり皇帝（天子）のシンボル。そこから派生して、「逆鱗に触れる」という言葉が、**目上の人を怒らせるといった意味合いになったわけですね。**

　この逆さに生えた鱗とは、そこだけは触れてはいけない部分であり、つまり、その人にとってのウィークポイントのようなもの。誰でも、ウィークポイントに触れられたら怒りますよね。しかし、こ

こで覚えておきたいのは、逆さの鱗は龍（皇帝のように目上の人）に
しか生えていない、ということです。ちなみに、かまいたちの山内
さんが2022年「M1」王者であるウエストランドの井口さんについ
て「小物感が増した」という秀逸なコメントを残されましたが、つ
まるところ、井口さんがいくら怒りまくっていたとしても、それは
彼の「逆鱗」に触れたわけではない、ということです。

奇遇

<ruby>奇<rt>き</rt></ruby><ruby>遇<rt>ぐう</rt></ruby>

キーワード

ばったり

本当の意味

思いがけず出会うこと。不思議な巡り合わせ。

 正しい使い方

旅行先でお隣さんにばったり会うとは、なんとも奇遇なことよ。

 誤 君と国の政策に関して意見が合うなんて、奇遇だね。

 解説

「人と人」の巡り合わせとは、実に「奇遇」なものですね!

「遇」(=会う、出くわす)という字の意味に注目していただけるとわかりますが、単に何か思いがけない出来事が起きたという場合ではなく、たとえば「こんな場所で会うなんて、奇遇だね!」といった具合に、**不思議な巡り合わせ、つまり、人との出会いについて使う言葉なんです**。「<ruby>袖<rt>そで</rt></ruby><ruby>振<rt>ふ</rt></ruby>り<ruby>合<rt>あ</rt></ruby>うも<ruby>他生<rt>たしょう</rt></ruby>の<ruby>縁<rt>えん</rt></ruby>」という言葉がありますが、これは、人間の縁とは輪廻していくものであり、どんなちょっとした出会いや交渉も前世の因縁があってこそ、という考え方のこと。つまり、「奇遇」という言葉には、このような概念が根底にあ

ると考えてよいでしょう。

　みなさんも、「なんで、こんなところでこの人に会うの？」なんて体験が、少なからずあるのではないでしょうか。そうした「なんと偶然な出会いなんだろう」と思わせる不思議な巡り合わせこそ、「奇遇」だというわけです。ついつい「おっと、これは奇遇だねぇ！」とでも言いたくなる"出会い"のことだと覚えておいてくださいね。

ぞっとしない

面白くない

本当の意味

特に驚いたり感心したり、面白いと思ったりするほどでもない。
感心しない。いい気持ちがしない。

彼の後輩に対する態度や物言いは、
正直ぞっとしない。

誤 子ども騙しのお化けやしき程度では、僕はぞっとしないね。

解 説

「ぞっとしない」という言葉に、もはや「ぞっとしない」!?

「もはや"間違えやすい日本語"の解説でしか見かけなくなったのでは？」と言いたくなるのが、この「ぞっとしない」です。「ゾッと」しないので、言葉通り「怖くない」という意味に捉える方が多いわけですが、正しくは**面白くない、感心しない**といった意味合いです。

また、間違える方が多いだけでなく、最近では、なかなか実際に耳にすることも少ないですね。そこで、「気が置けない」（P48）の解説でもご提案しました通り、こちらの「ぞっとしない」も、正しい意味を知ったうえで、これからは「ぞっとしないという表現を使

058

わない」といった選択をしてもよいのではないでしょうか。イメージとしましては、図書館における「開架図書」ではなく、もはや「閉架図書」扱いにしてもよいのでは、というニュアンスです。もちろん、夏目漱石の『草枕』を読んでいる際に「ぞっとしない」という表現が出てきましたら、そこは正しい意味合いで捉えていただければ、と思う次第です。

琴線に触れる

ふ

胸の奥の心情を揺り動かし、深い感動や共鳴を引き
起こすこと。

感動

**正しい
使い方**
美術館に飾られた1枚の絵が、
彼女の琴線に触れたようだ。

誤 息子の何気ない一言が琴線に触れ、突如、母は怒り出した。

解　説

八木重吉という詩人の作品は、私の「琴線に触れる」ものばかり!

「琴線」というのは、個人的に大変美しい言葉だと思っています。
もともと**琴やヴァイオリンの糸のことですから、その糸が心の奥で
鳴り響くのだとしたら、それは深い感動や共鳴を伴うものだと思い
ませんか?**

　ちなみに、八木重吉という優れた詩人の作品に『素朴な琴』とい
うものがあります。「このあかるさのなかへ　ひとつの素朴な琴を
おけば　秋の美しさに耐へかねて　琴はしづかに鳴りいだすだら
う」。秋の日に素朴な琴を置くと、秋の美しさに耐えかねて、自然

と琴が鳴り響き出す……。これは、そのまま心にも置き換えられるわけですね。自分の心をそっと秋の日の中に置いてみたとき、その自然の美しさに心の「琴線」が共鳴して、響き始める、と。いやはや、なんと美しい詩であろうと、あらためて感嘆する次第です。この素晴らしき感性が炸裂した作品を知ったあとで「琴線」の意味を間違えることがあったなら、その方は、八木重吉さんに謝らなければいけないでしょう。

奇特

きとく

キーワード

素晴らしい

本当の意味

特に優れて珍しいこと。心がけや行いが、稀に見るほど優れていること。殊勝。霊験。

正しい使い方

極めて品行方正で、今どき彼ほど奇特な人も少ないように思う。

誤 セールの売れ残りばかりを買うなんて、彼女は奇特な人だ。

解説

「奇特な人だ」と言われたら、決して怒ってはいけません!

「奇」という漢字の印象のためか、どこか奇妙、風変わりといった使われ方をされることが多いようです。しかし、正しくは、**特に珍しいほど優れている、といったポジティブな意味合いなんですね。つまり、「今どき奇特な人だね」と言う場合、それは「今どき素晴らしい人だ」という賛辞になります。**

以前、サッカー選手の長谷部誠さんがご自身の本の印税を東日本大震災の被災地に寄付したという話を聞きまして、「心が整っているうえに、なんと奇特な人だ!」と感服したものです。

自意識過剰
(じいしきかじょう)

キーワード

気にしすぎ

本当の意味

自分を中心にすえて考えること。自分が他者にどう思われているかを意識しすぎること。

正しい
使い方

他人の目ばかりを気にする彼女は、自意識過剰なところがある。

誤 いつも自分の手柄話ばかりして、彼はずいぶんと自意識過剰な男だ。

解 説

自分に自惚れているナルシシスト＝「自意識過剰」ではない!?

他人が自分をどう見ているか過剰に気にすることを指すので、単に自惚れているだけの自信過剰なナルシシストは正しい「自意識過剰」とはいえません。

一方で、まったく売れていない芸能人にもかかわらず、「写真を撮られるかも」と、目深に帽子をかぶりサングラスにマスクといった過剰な装いをしているとしますね。それこそが、まさに「自意識過剰」。つまり「ちょっと、気にしすぎじゃない?」と声をかけたくなる人こそが、自意識過剰だといえるのです。

砂を噛むよう

キーワード
つまらない

本当の意味

砂を噛むように味気なく、感興をそがれること。無味乾燥でつまらないさま。

正しい
使い方

離婚してからというもの、
砂を噛むような日々が続いている。

誤 担任から息子の苦手なことばかりを聞かされ、砂を噛むような気持ちだ。

解説

**砂はいくら噛んでもおいしくないだけで、
悔しくはなりません!**

砂のように味のないものをいくら噛んだところで、おいしくありませんし、楽しくもありませんね。本来はそういった意味合いで使われる言葉なのですが、もしかすると「唇を噛む」と混同して、悔しいといった感情と結びついている方が多いのかもしれません。

したがって、まずは **「砂」＝「味気ない、つまらない」** といった連想をしておくと、間違えづらくなるでしょう。スルメなら噛めば噛むほど味が出ますが、砂はいくら噛んでも味気ないままですよ。

ちなみに「ほぞを噛む」は、どうにもならないことを悔やむこと。「ほぞ」は「臍」ですから、噛めません。

知恵熱

キーワード
赤ちゃん

本当の意味

生後6〜7ヶ月頃、乳児が知恵づき始める頃に見られる原因不明の発熱。

正しい
使い方

**今回の子どもの発熱は、
知恵熱かもしれない。**

誤 ——一晩中資料を作成していたせいか、朝から知恵熱が出ている。

解 説

**仕事で「知恵熱が出た」と言う人には、
すかさずツッコむべし!**

　あたかもたくさん頭を使って熱が出るかのような「知恵熱」というネーミングが秀逸すぎたのでしょう。本来は**生まれて半年ほどの乳児の出す熱のことですが、この際ギャグとして使ってみるのもいいかもしれません。**もし「一晩中仕事をしていて、知恵熱が出たんだ」などと誤用している同僚がいたら、すかさず「赤ちゃんかよ!」とツッコむのです。

　昨今、本来の意味で使うことも少なくなってきていますから、この際、ギャグとして言葉のリサイクルをするのも一興かもしれません。

まんじり

キーワード

うとうと

本当の意味

じっと。まじまじと。まどろむさま。
（打ち消しの語を伴い）少しも眠らないことの強調。

 正しい 使い方 **まんじりともせず、
その晩を明かすことになった。**

 誤 愛犬の亡骸を前に、娘はまんじりともせずにいる。

 解　説

みなさん、私は授業で学生を「まんじり」ともさせません！

「まんじり」というのは、**ちょっと眠るということなんですね。ですから、打ち消しの言葉を伴って、少しも眠らないという意味合いになるわけです**。これが、なぜか少しも動かないという意味の言葉として誤用をされているのは、おそらく「微動だにせず」あたりの表現との混同があるのでしょう。

　ちなみに、私は授業で学生さんに「まんじり」させないことで有名なんですよ。退屈させないのが基本。それでもまんじりした人がいたら、全員が立ち上がって体操をすることにしております。そし

てグループディスカッションに持ち込めば、さすがにまんじりする人がいなくなる、というわけです。これは授業のみならず講演会でも同様でして、まんじりしている人がいれば、みなさんに立ち上がって体操していただくこともありますし、仮にまんじりしそうになっている方がいれば、その方の目をしっかりと見つめてお話しすることにしています。いわば「まんじり」ともさせない技術、といったところでしょうか。

しめやか

本当の意味

しっとりと、もの静かなさま。もの悲しげなさま。しんみりと落ち着いているさま。

正しい使い方 昨日、祖母の告別式がしめやかに執り行われた。

誤 国民が見守る中、女王の戴冠式がしめやかに行われた。

解説

「しめやか」と「おごそか」を、しっかり使い分けましょう!

『源氏物語』にも「雨など降りてしめやかなる夜」といった表現が出てきますが、このように、**しっとりともの静かで、どこか、しみじみともの悲しい様子を指す言葉です。**ところが、これを「おごそか」と混同される方が多いんですね。

たとえば、国を挙げての国葬などが行われる場合、葬儀とはいえ「しめやかに執り行われる」わけではありません。そういった場合は、威厳がある様子を表す「おごそか」を使うといいでしょう。ぜひ、上手く使い分けてみてください。

首が回らない

キーワード
借金

本当の意味
借金などが多くて、どうにもやりくりがつかない。

正しい使い方
所得に見合わぬ生活を続け、とうとう首が回らなくなった。

誤 新人の尻ぬぐいまでさせられ、忙しさで首が回らない。

解説

「首が回らない」状態は、このイラストを見て覚えましょう!

　まさに"THE・借金"といった表現です。**方々に借金をしている人が、借金取りに首根っこをつかまれて「首が回らない」様子を、イメージしてみるといいかもしれません。**

　間違えていらっしゃる方は、おそらくいろいろな仕事やストレスが重なって、別の案件にかかわる（首を回す）余裕がない、というニュアンスで使っているのでしょう。もちろん借金取りに苦しむ人もストレスを感じるでしょうが、もともとはご自分の借金ゆえ、ですからね。高利貸しなど、借金には気をつけたいですね。

はよ5000万返さんかい!

第 1 章　意味を勘違いしている人が多い日本語　069

忸怩
じく　じ

キーワード

恥ずかしい

本当の意味

自分の行いなどを反省して、恥じ入るさま。

> **正しい使い方**
>
> **たび重なる失態に、内心、**
> **忸怩たる思いだ。**

誤　国の政策の犠牲となった人を見るにつけ、忸怩たる思いだ。

解説

「忸」も「怩」も……どちらも"恥じる"という意味合いの漢字!

　みなさんも「内心、忸怩たる思いだ」といった言葉を、政治家の発言などで耳にすることがあると思います。本来ならば**恥ずかしい、深く恥じ入る**といった意味合いの「忸怩」ですが、これを、残念、悔しい、あるいは納得がいかないといったニュアンスと混同されている方が多いようですね。そこで、これを間違えないようにするためにも、まずは「忸怩」の「忸」「怩」、いずれも"単体で恥じるといった意味合いを持つ漢字"であることを、しっかり覚えていただければと思います。

070

ちなみに、「忸怩たる思い」に類似する「慚愧に堪えない」という表現がありますが、これも自分の行為を反省し、深く恥じ入るといったもの。この場合も「忸怩」同様、あくまで自分の行為に対して恥ずかしさを覚える意味の表現ですから、他人の行為やニュースで見聞きする事件などに対して「慚愧に堪えない」と言うことは、ありえません。似た表現ですので、セットで覚えておくといいでしょう。

じく　じ
忸怩

佳境

か きょう

キーワード
クライ マックス

本当の意味

もっとも興味深い場面。面白いところ。景色のよい場所。妙所。

正しい
使い方

読んでいた小説が佳境に入り、ページを繰る手が止まらない。

誤 飲み会も佳境に入り、みなはずいぶんと酔っ払っていた。

解説

"話や物語のクライマックス"こそが「佳境」であると覚えよ!

「話が佳境に入る」などと言いますが、「佳境」とは、もともと**話や物語の面白い場面、もっとも興味深いところを表す言葉**です。ただし、これを飲み会など、何かが"盛り上がってきた"場面で使う人がいらっしゃるようです。その場合は「宴もたけなわ」などと表現するといいでしょう。起承転結でいうと「転」ですね。

ちなみに、「佳境に入る」は「かきょうにはいる」と読みます。物事がうまくいって満足する「悦に入る」は「えつにいる」と読みますので、ご注意を。

CLIMAX!

御の字

<ruby>御<rt>おん</rt></ruby>の<ruby>字<rt>じ</rt></ruby>

キーワード

感謝

本当の意味

特に優れた最上のもの。極上のもの。ありがたく感謝したいという意。

正しい
使い方

1週間はかかると思われた入院だが、
4日に短縮されて御の字だ。

誤 これくらいの売り上げであれば、とりあえず御の字としておこう。

解説

**"上から目線"の「御の字」は間違い、と
覚えておくべし!**

　もともと江戸初期の遊廓の言葉で、**「御」という字をつけたいほど非常にありがたい、感謝したい、という言葉です**。これを、どうやらみなさん"上から目線"で捉えているようでして、「これくらいなら、一応納得できる」「まあ、仕方ないだろう」といったニュアンスで誤用することが多いようですね。

「この試験、60点取れて合格できたら御の字だ」というのは、もう単位を落とすかどうか、ギリギリの成績の人の台詞だということです。

本当の意味わかって使ってる？ カタカナ語 その2

「聞いたことはあるけど、本当の意味は知らない」「なんとなくのニュアンスで使っている」というカタカナ語はありませんか？　大人なら、しっかり意味を理解して言葉を使いたいものです。ここでも、押さえておきたいカタカナ語を紹介します。

■ セレンディピティ（serendipity）

意味 求めずして思わぬ発見をする能力。偶然に出会うこと。

解説 本来期待すらしていなかったことが偶然見つかるといった意味合いで、幸運を引き寄せる力ともいえるでしょう。幸運をつかむ人は、常に偶然の出会いを大切にしているものですよ。

■ チュートリアル（tutorial）

意味 個別指導。コンピュータソフトなどに関する使用説明書、教材。

解説 ビジネスの場面では後者の意味合いで使うことが多いかと思います。かつては分厚い冊子でしたが、現在ではアプリケーションがソフトに付属されていますね。「チュートリアルにしたがって」操作すればいいという、便利な時代になりました。

■ アウトライン（outline）

意味 輪郭。外郭。物事のあらまし。あらすじ。要点。

解説 ある事柄のおおよその内容、概要という意味の言葉です。ビジネスの場では「企画のアウトラインを説明する」などの形で使われます。ちなみに、対義語は「ディテール（詳細）」です。

■ トリビュート（tribute）

意味 感謝、賞賛、尊敬などの気持ちを表して捧げるもの。賛辞。

解説 賞賛や感謝のあかしとして捧げるものを意味します。つまり「トリビュートアルバム」といえば、尊敬する音楽家などを賞賛するためにつくられる楽曲集、というわけですね。

■ ノマド（nomad）

意味 遊牧民。また、定住民に対していう流浪の民。

解説 もっぱら「ノマドワーカー」として、ITやモバイルを活用して、自由な場所と時間で仕事をする人のことを指します。コロナ禍以降、ずいぶんとノマドワーカーが増えましたが、結果主義的な仕事のスタイルといえるでしょう。

■ ハイブリッド（hybrid）

意味 雑種。混血。交配種。異種のもの同士の組み合わせ。

解説 「ハイブリッド車」「ハイブリッド米」などといいますが、異なるものを複合することによって、より素晴らしいものをつくるといったニュアンスの言葉です。掛け合わせの表現としては便利な言葉ですね。

■ プロパガンダ（propaganda）

意味 宣伝。多く、思想や教義などの宣伝をいう。広く知れ渡らせること。

解説 第二次世界大戦中、全体主義社会の時代に「欲しがりません、勝つまでは」という標語がありましたが、あれこそ典型的なプロパガンダです。現代でも「彼らのプロパガンダに騙されるな」などと言いますが、意図的に無理やり広めていくといったニュアンスが強いので、使い方はくれぐれも気をつけましょう。

■ マイルストーン（milestone）

意味 西洋で、道路に1マイル（約1.6km）ごとに置かれる里程標。画期的な事件。

解説 「2年ごとにマイルストーンを置く」など、物事の節目を表現する際に使います。この例でいえば、2年ごとに現状分析とプロセスの見直し、あるいはその後の目標設定をするといった意味合いになります。日本にも昔から記念となる石碑がありますが、石の重みを感じつつ節目を思うというわけですね。人生の節目を表すときにも使います。

第 2 章

本来の意味を
知らない人が
多い日本語

私たちは「悪びれもせず」、
"本来の意味"を知らないまま「あっけらかん」と、
様々な言葉を使っているものです。
しかし今こそ、社会人としての
教養を身につける「潮時」だといえるでしょう。
「涼しい顔」をしている場合ではありません。
日本語をより深く味わうためにも、
ぜひ本書を「紐解いて」みてください。

※「」内の言葉はすべて、"本当の意味"を章内でご紹介しています。
悪びれる(P82)、あっけらかん(P98)、潮時(P78)、涼しい顔(P94)、紐解く(P87)

潮時
しお　とき

本当の意味

物事を行ったりやめたりするのにちょうどよい時機。好機。潮水が満ち引きする時刻。

例文

本来 新しい会社を設立するなら、今こそ潮時だと思う。

● 「そろそろ潮時だ」と話し、選手は引退を決めた。

解説

何かをスタートさせるのによいタイミングも、「潮時」なんです!

　一般的に、何か物事をやめるときなど、ネガティブな意味合いで「潮時」を使っている方が多いのではないでしょうか。どうも、潮が引く方のイメージが強くなっているようです。しかし、もともと「潮時」とは、**潮が満ちるとき、引くときの両方を指す言葉。つまり、潮が引いてやめるときだけでなく、潮とやる気が満ちて「さあ、これから始めるぞ!」という場面で使ってもいいんです。**

　このままでは「潮時」が気の毒ですので、ぜひ、ポジティブなタイミングでも使ってみてください。

王道
おう　　とう

本当の意味

儒教で説かれた政治思想。
物事が進んでいく正統的な
道や手段。また、安易でラク
なやり方。

例文

本来 とりあえず、伝統的な文学研究の王道を
行くのもよいだろう。

● 「学問に王道なし」と言う通り、日々、努力する他ない。

解説

「正統的な道」&「ラクなやり方」、両方の意味を覚えよう!

　定番の盛り上がり方をするドラマなどに「まさに恋愛モノの王道だねえ」などと言ったりしますが、もともとは、儒教における理想的な政治の在り方を「王道」といいました。いわゆる王道政治、というものですね。

　そこから、**正統的な手段を指すようになった**のですが、英語の「royal road」という言葉の訳として、のちにラクな方法、安易なやり方といった意味合いが加わるようになりました。したがって、正統的な道と、ラクなやり方という、両方の意味を覚えておくといいでしょう。

王道を選んだね

浮足立つ
うき あし だ

本当の意味

不安や不満でそわそわと落ち着かず、集中できなくなる。
逃げ腰になる。かかとが上がってつま先立ちになる。

例　文

本来 不意をつかれたので、思わず浮足立った。

● 公式戦での勝利を前に、
　 メンバーは浮足立っている。

解　説

ソワソワと「浮足立つ」ときに役立つ"テクニック"をご紹介!

　どこか浮かれたイメージのある言葉ですが、もともと、**かかとが上がってつま先立ちになる状態を指す言葉です**。つま先立ちになると、みなさんはどんな気持ちになるでしょうか。そう、かかとが地面につかないと落ち着きませんよね。どこか、ソワソワとしてしまうはずです。このソワソワと落ち着かない状態こそが、「浮足立つ」というわけです。

　ここで豆知識として、浮足立ったときの"対処法"をお教えしましょう。不安などで落ち着かずソワソワしたら、まず、その場で一

度軽くジャンプしてみてください。肩の力を抜いて息を吸ったら、ゆっくりと1から10までカウントしながら、足の裏全体を地面につけてフーッと息を吐き、そのソワソワとした気持ちを臍の下にある"臍下丹田"におさめましょう。これを"丹田呼吸法"といい、浮足立って上がった気がしっかりと下がり、心も自然と落ち着くはずです。くわしくは、『自然体のつくり方』（角川文庫）という本で紹介していますので、ぜひチェックしてみてくださいね。

悪びれる
<small>わる</small>

本当の意味

恐ろしさから気後れしてオドオドと卑屈に振る舞うこと。怖い、恥ずかしいという感情を表情や態度に出すこと。(多くは、下に打ち消しの語を伴う)

例　文

本来 悪びれた風もなく、彼女は堂々と歌った。
● 悪びれもせず、平然とした態度で、
　自分の過ちを認めた。

解　説

<u>私は「ちっとも悪びれた様子のない人」が、大好きです!?</u>

　悪びれるというのは、**恥ずかしがる、臆病な態度をとるなど"オドオド"するという意味です。つまり「悪びれない」と打ち消しの語を伴った場合、オドオドせずに、恥ずかしがらずに、といった表現となります。**ところが、偉そうな態度で自分をかえりみない人に対して、「あの人、ちっとも悪びれた様子がないよね」と、どこか否定的な意味合いで使うことが増えており、本当の意味を知る人が少なくなっている言葉の一つではないでしょうか。

　ちなみに、私が受け持つ学生さんたちは、「とりあえず、何か替

に向かって読み上げた声明文（檄文）、あれが、まさに『檄』と名づけられています。当時、私は小学生でしたが、あの三島事件には、強い衝撃を受けました。三島が渾身の思想や想いを命懸けで訴えているにもかかわらず、「あれは何だ？」といった野次も多く、なんとも哀れな様子でありました。とはいえ、三島は最期に"檄を飛ばした"わけです。あの衝撃的なイメージがあれば、本来の「檄」の意味を忘れることはないかもしれません。

拘る

こだわ

本当の意味

些細なことにとらわれて、必要以上に物事に強く執着する。拘泥する。細かなことに気を遣って価値を追求する。

例 文

本来 父は形式にばかり拘るような、
古くさい性格の持ち主だった。

● 彼はコーヒーに拘って、わずかな酸味を追求し続けた。

解 説

「拘り」の強い人には、
まさに"渡りに船"の言葉だった!

　もともと、**何か一つのことに執着するといった、どちらかといえばネガティブな意味合いで使われていた言葉です**が、昨今では「シェフ拘りの逸品」といった具合に、職人の情熱や細部への拘りなど、もっぱらポジティブな意味合いで使われることが多くなりました。

　これまでは執着、粘着だと思われていた気質が褒められるようになったわけですから、拘りの強い方には渡りに船かもしれませんね。言葉の意味が増えていく、一つの好例といえるでしょう。

コーヒーは
ブラジル産!

ドンッ

紐解く
（ひもとく）

本当の意味

書物を開く。本を読む。つぼみが開く。謎を解く。

例文

本来 彼は学者になるために、多くの本を紐解いてきた。

● 平家滅亡の理由について、
　紐解いていきたいと思う。

解説

その昔、書物には「紐」がついていた……ことから覚えよう！

　その昔、書物とは大変貴重なものでしたから、書物自体を巻き包むような覆いがあり、そこには紐がついていたんです。**その覆い（＝付随する紐）を解くことから、本を開くことを「紐解く」と表現するようになったんですね。**

　ところが、今では「一つひとつ紐解いていく」といったように、解説・謎解きのニュアンスで使われることが多いようです。それを可とする辞書も出てきているようですが、ぜひ、本来の意味をおさえておきましょう。

黄昏れる
たそがれる

本当の意味

「黄昏」を動詞化したもの。夕方になる。盛りが過ぎて衰える。生気がなくなる。

例 文

本来 読書に没頭していたら、あっという間に窓の外は黄昏れていた。

● 人生に思いを馳せ、海を前に一人で黄昏れている。

解 説

「黄昏」＝「誰（た）・そ・彼（かれ）？」＝「夕方」!

昨今では「黄昏れちゃって、どうしたの？」などと、どこか物思いに沈んでいる人物を思い浮かべる人がほとんどではないでしょうか。しかし、**「黄昏」の語源である「誰そ彼（た・そ・かれ）」が、夕方になりはっきりと「彼」の顔が見えないことに由来する「あの人は誰？」の意である**ことを知れば、夕方になること、（夕方になるように）衰えていくこと、といった本来の意味合いが浮かび上がってくるのではないでしょうか。一方で、物思いに沈むという意味も、俗用として扱う辞書が増えているようです。

初老
しょろう

本当の意味

老境に入りかけた年頃。かつては40歳の異称。現在では、60代を指すことが多い。

例　文

本来 初老と呼ばれる40歳とはいえ、
現代ではまだ働き盛りといえるだろう。

● 今では初老といっても、せいぜい60代を連想する。

解　説

**まさか自分が「初老」だったとは……
衝撃を受ける人、続出!?**

　学問の神として有名な菅原道真は『菅家文草』の中で、「初老を過ぎて、髪は薄くなり眼鏡が必要になって……」と書いています。たしかに道真の生きた平安時代は平均寿命も30～40歳と短かったため、40歳を迎えると長寿の祝いをしていたくらいなんですね。とはいえ、医療が発達して寿命がグッと伸びた現代では、40歳なんてまだまだ働き盛り。初老といえば、せめて60歳、いや定年を迎える65歳頃をイメージされる方も多いことでしょう。しかし、**初老の本来の意味が40歳というのは、知識としては面白いですね。**

平安　令和

初老(40)　初老(65)

陳腐
ちん ぷ

古くなって腐ること。古くさいこと。ありふれていて、つまらないこと。
平凡なこと。

例 文

本来 陳腐な台詞ばかりをくり返す彼に、
つい鼻白んでしまう。
● 陳腐なドラマばかりで、彼女はうんざりした。

解 説

あの世阿弥も、芸が「陳腐」にならないよう、必死だった!

　ありふれていてつまらない、といった意味合いで使われる「陳腐」
ですが、もともとは文字通り腐ってしまうほど古くなっている、古
めかしい、古くさいといった言葉でした。つまり、**単につまらない、
くだらないのではなく、その理由として「古くさくなっている」と
いう背景があるわけです**。以前、大学のキャッチコピーをある広告
会社に依頼したことがあったのですが、提案されたのは、さんざん
使い古された"陳腐"な言葉の羅列……。結果的に私が考案した
キャッチコピーが使われることになったのですが、なかなか忘れら

れないエピソードとなりました。

　世阿弥の有名な言葉に「秘すれば花なり」というものがありますが、ここでの「花」とは珍しくて周囲をハッとさせるようなもの、驚かせるようなもの。つまり「なんでも開けっぴろげに見せてしまうと、すぐに古くさくなって飽きられますよ」という意味なんです。一座の生き残りが熾烈だった世阿弥の時代、あのキャッチコピーのように"陳腐"にならないよう、必死だったわけですね。

あくどい

本当の意味

物事が度を超えていやみである。やり方がしつこく、タチが悪い。
性格などがどぎつい。色や味などが、くどくしつこいさま。

例 文

本来 この討論番組の司会者はあくどい物言いをするので、
視聴者は不快になる。

● 彼はいつも、実にあくどい柄のネクタイをしている。

解 説

今日も、私が「あくどい色のネクタイ」をしているわけとは?

　あくどいの「あく」が「悪」という意味合いを連想させるのか、
悪い、ずるがしこいといった印象で使われがちですが、そもそも
**「あくが強い」という表現があるように、もともとは「物事が度を
超していて、どぎつい」といった意味合いを持つ言葉です。**とはい
え、何らかが度を超しているためにタチが悪いわけですから、「悪
い」というのも、間違いではありません。

　余談ですが、私は派手な色のネクタイを好んで着用しておりまし
て、この場合、「あくどい色のネクタイ」ということになります。

趣味が悪くならないギリギリの線で華やかな色使いを楽しんでいます。かつてはヨーロッパ旅行などから帰国すると、日本人のくすんだ色合いの没個性的な服装にハッとすることがあったんです。ですから、個人的には「顔立ちが地味な傾向のある日本人は、装いくらい、あくどくてもいいのでは？」と思っている次第です。私の場合、名前も見た目もとりわけインパクトがない。したがって、私は今日も「あくどい色のネクタイ」を着用しています。

涼しい顔
すず かお

本当の意味

自分もその事柄に関係していながら、無関係と言わんばかりの素知らぬ顔。他人事のように澄まし込んでいるさま。

例 文

本来 同じ部署内での一大事だというのに、
彼は涼しい顔で帰宅してしまった。

● 彼女はいつも涼しい顔をしている、クールな人だ。

解 説

「涼しい顔」＝「思わずツッコみたくなる顔」……と覚えよう!

大変な状況にもかかわらず平然とした顔をしている人を指して「涼しい顔」ということが多いようですが、もともとは"素知らぬ顔"のこと。つまり、**関係者・当事者であるにもかかわらず、「自分には関係ありません」といった様子で素知らぬ顔をしていることを指す言葉なんです。**

つまり、周囲が「あなたが元凶なのに、涼しい顔をしているんじゃないよ！」とツッコみたくなるような"顔"ということですね。ぜひ、もともとの意味を知っておいてほしい言葉の一つです。

他力本願

<ruby>他<rt>た</rt></ruby><ruby>力<rt>りき</rt></ruby><ruby>本<rt>ほん</rt></ruby><ruby>願<rt>がん</rt></ruby>

本当の意味

修行の功徳ではなく、阿弥陀仏の本願に頼って往生を遂げるという仏語。転じて、もっぱら他人の力をあてにすること。

例　文

本来 他力本願で、きっと極楽へ行けるだろう。

● 何事も他力本願の彼は、
　今回もチームのメンバーに頼り切りだ。

解　説

「他力本願」ですがる相手とは……
なんと阿弥陀様だった!

　他力本願の「他力」とは、本来、阿弥陀様におすがりするという意味です。**今でこそ、"人任せ"にすることに対して「他力本願ですみません」などと言ったりしますが、本来、「他力」でおすがりする相手は、あくまで阿弥陀様**。私たち普通の人間は「自力（＝他力の反対語)」で悟ることはできませんから、阿弥陀様の本願におすがりし、お願いするしかないという考えですね。小林一茶の「ともかくもあなたまかせの年の暮」のあなたも、阿弥陀様のこと。何事も「自力」でやろうとするのではなく、ときには「他力」を意識してみると、案外、気持ちが軽くラクになるものですよ。

どうか…!

生き様
い　ざま

本当の意味

自分の過ごしてきた無様な生き方。転じて、人の生き方。生き方の様子。独自の人生観を貫き生きる姿。

例　文

本来 親の資産を食い潰した彼の生き様は、
　　　目も当てられないほどだった。

● メッセージ性の強い彼は、その生き様も強烈だった。

解説

「生き様」という言葉を使いこなせるのは、矢沢永吉レベルの人?

　たとえば「俺の生き方を見てみろ!」より「俺の生き様を見てみろ!」と表現した方が、まるで矢沢永吉さんの『成りあがり』(角川文庫)のようにかっこいいイメージがありますね。しかし、「生き様」という言葉には、それこそ**泥まみれのロックンローラーのごとく、紆余曲折のニュアンスがあるので、普通の人が使うには、少しハードルの高いかもしれません**。

　また、「無様」「死に様」など、あまりよくない場合にも「様」が使われますから、個
ざま
人的には注意を払って使うように心がけている言葉の一つです。

爆笑
ばく しょう

本当の意味

大勢が大声でどっと笑うこと。
（近年では）一人が大声で
笑うこと。

例文

本来 芸人が漫才を披露する正月特番の現場は、
爆笑の渦につつまれていた。

● 彼の一言がツボに入ったのか、彼女は爆笑した。

解説

「爆笑」の「爆」は、
いっせいにはじける「爆竹」の「爆」!

今でこそ許容する辞書も出てきていますが、もともとは**大勢が
いっせいに笑うことを指す言葉ですので、「私、爆笑しちゃった」
などと一人で大笑いするのは本来は爆笑ではなかったわけです。**そ
もそも爆笑の「爆」には、いっせいに、みんなでといった意味があ
ります。加えて「火」が「暴れる」と書いて「爆」ですから、爆竹
がバババッといっせいにはじけ
るイメージを持っていただ
くとよいかもしれません。

ちなみに、講演会などで私
が「どうも、ディーン・フジ
オカです」と言うと、みなさ
んすぐに爆笑してください
すよ。御本人から公認済みの
あいさつです。

あっけらかん

意外な状況に驚きあきれて、ポカンとしたさま。何もなかったように平気でいるさま。開放的でのびのびしているさま。

例 文

本来 急変していく祖母の容体を、彼はあっけらかんと眺める他なかった。

● 息子は何を言われても平気で、あっけらかんとしている。

解 説

本来は「放心状態」で口をポカンとさせた姿を表す言葉だった!

「あっけらかん」とは、あらためて意識すると不思議な表現ですが、おおよそ「口を開けてぼんやりしている」様子のこと。つまり、もともとは**ぼんやりしている、あきれ果てて口をポカンとさせているような、いわば放心状態**のことを指していました。

そのポカンが「ポカンとして、少しも気にせずケロリとした様子」を表すようになり、今では何が起きても平然としていることを意味することの方が多くなってきているようです。本来の意味も、知っておくとよいでしょう。

助長

じょ ちょう

本当の意味

不要な力添えをし、かえって害になること。好ましくない傾向を強めること。物事の成長のために外から力を添えること。

例 文

本来 母の言動は、結果として息子の学校嫌いを
助長することとなった。

● 間引きすることで、野菜や果物の発育を助長する。

解 説

**過干渉で、お子さんのワガママを
「助長」させていませんか?**

　苗の生長を早めようとした人が、苗を引き抜いて逆にダメにしてしまった、という孟子の故事に由来する言葉です。つまり、もともとは**好ましくない傾向を強めてしまうという悪い印象の強い言葉だったわけですが、今では転じて「物事の成長に力添えする」といったよい意味でも使われるようになりました。**

　植物は水をあげすぎると枯れてしまいますし、あるいは子育ても、親が過干渉になると子どものためになりません。「助長」とは、本来そういう場面を表す言葉だったのです。

よ〜し!

微妙
（び　みょう）

本当の意味

一言では言い表せない、美しさや味わい深さがあること。言い表しようのないほど、細かく複雑なこと。

例　文

本来 祖母は、いつも微妙な色合わせで着物を着こなしていた。

● コンペに勝てるかどうか、正直、微妙なところだろう。

解　説　　<u>新しく「微妙」なニュアンスを獲得した言葉の好例！</u>

　2000年代初め頃、「ビミョ〜」という言葉が流行ったことを覚えているでしょうか。それまでは正しい意味合いで使われていた言葉が、これを境に、いわゆる "便利な言葉" として広まっていったのです。なぜなら、**物事を強く否定せずに済む「ビミョ〜」という言葉は、何事もグレーゾーンに落とし込みがちな日本人に最適な表現だったんですね。**

　今でも「ちょっと微妙だよね」などと言うように、新しいニュアンスを獲得した言葉の一つだといえるでしょう。

おぉっ！
微妙な
色合わせ‼

性癖

せいへき

本当の意味

生まれつきの性質。性質の
かたより。性質上のクセ。

例　文

本来 何事も掘り下げて考えるのは、
彼女の性癖といえよう。

● 彼は、パニックになるとすぐに怒り出す性癖がある。

解　説

正しく使っているのに
"セクハラ"になってしまう言葉かも？

　そもそも「**性**」質上の「**クセ**」で「性癖」なのですが、漢字に引きずられるように、今では性的な嗜好という意味で使う人が多いようです。悩ましいのは、正しい意味合いで使っても、性的嗜好のニュアンスで捉えられるようになってしまった、ということ。つまり、変わったクセや拘りを持った人に「ちょっと変わった性癖だね」と声をかけたとき、相手によってはセクハラになりかねないわけです。

　実に困ったものですね。使うときは勘違いされることがないよう、気をつけていただきたいものです。

鳥肌が立つ

とりはだがたつ

本当の意味

強い刺激や恐怖、また興奮
や感激などによって、皮膚が
鳥の毛をむしったあとの肌の
ようにぶつぶつになる現象。

例文

本来 噂のトンネルに行くと、寒気と恐怖で、
思わず鳥肌が立った。

●コンサートでの感激を思い出すたび、鳥肌が立つ。

解説

本来「鳥肌」が立つのは、
ホラー映画『エクソシスト』!?

今でこそ「感動のあまり鳥肌が立った」などと用いる人も多いようですが、ポジティブな意味合いで使用するのは、実は本来的な使い方ではありません。もともとは、**恐怖や寒気などのネガティブな原因で「鳥肌」が立つのです**。ところが、よくも悪くも、なんらかの強い刺激と興奮で鳥肌が立つ "身体現象" として、言葉の意味が変化していったのでしょう。

私は、中学生の頃に映画『エクソシスト』を観て、主人公の首が回転する場面で驚き、鳥肌が立ったものです。もし、最近の若い人が感動のあまり鳥肌が立つのであれば、それは言葉が身体感覚を超えた、面白い傾向でしょう。

うぅ…感動的

ひぃっ!?

眉をひそめる

まゆ

本当の意味

心の中に憂い危ぶむことや不快なこと、心配事などがあって顔をしかめる。

例文

本来 部下の危なっかしい説明に、思わず眉をひそめる。

● 恋人の女性蔑視発言に、彼女は眉をひそめた。

解説

顔は「しかめる」けれど、眉は「ひそめる」ものだったんです!

　ひそめる、しかめる、ともに漢字で書くと「顰める」となりますが、その意味合いは異なります。**ひそめるは、眉のあたりにシワを寄せて狭めることをいい、しかめるは、顔や額にシワを寄せて"渋面(=不愉快そうな顔つき)"をつくることをいいます。**

　昨今では、実は古くから使用例の見られる「眉をしかめる」も可とする向きがあります。ちなみに「顰みに倣う」は、人のうわべだけを真似すること。西施という美女が胸を病んで眉をひそめる様子が美しいということで、他の女性も眉をひそめたという故事です。

ひそ　なら

せい し

眉をひそめる　顔をしかめる

ん……?

ええ〜!?

微に入り細を穿つ
びにいりさいをうがつ

本当の意味

極めて細かい点にまで気を配る、ゆきとどく。

例 文

本来 微に入り細を穿って、さらなる調査を進める。

● 微に入り細を穿つ検査の結果、
　母は助かることができた。

解 説

まずは「穿つ」の意味を正しく理解しているか、チェックを!

　同じような意味合いの言葉として、非常に細かいところまで入り込むさまを表す「微に入り細に入り」という表現を用いる方が多いように感じます。しかし、この言葉にはまるで重箱の隅をつつくような、どこか否定的なニュアンスを感じる人も多いのではないでしょうか。その点、**極めて細かいところにまでゆきとどくさまを表す「微に入り細を穿つ」という表現なら、あくまで「注意深く配慮ができている」「ゆきとどく」という意味合い**ですから、「微に入り細に入り」のように、神経質で細かすぎる人、といった印象を持た

れる心配はないでしょう。

　ちなみに「穿つ」という言葉は、「雨垂れ石を穿つ」（P30参照）といった表現にもあるように、穴をあける、貫くという意味。転じて物事の本質を捉える、といった意味もあります。つまり、「穿った見方をするね」と言われたら、それはあなたがひねくれているという意味ではなく「本質を捉えた見方をする人だ」と褒められているわけですね。こうした誤用も多く見られるので、注意しておきましょう。

センスを磨く! 夏目漱石が使った日本語

「I love you」を「月がきれいですね」と訳したという説もあるほどに、日本語を美しく操る文豪・夏目漱石。ここでは夏目漱石の小説や講演録から、一気に日本語が美しく、味わい深くなる、現代の私たちでも使いやすい言葉を集めてみました。

■ 憂身をやつす(うきみをやつす)

意味 労苦を嫌がることなく、身がやせ細るほど一つのことに熱中する。

「私の知っている兄弟で、弟の方は家に引込んで書物などを読むことが好きなのに引き易えて、兄はまた釣道楽に憂身をやつしているのがあります」(『私の個人主義』)

解説 「やつす」には、目立たない姿になる、出家して姿を変えるといった意味がありますが、この場合は、熱中するという意味で使われます。一度は恋に憂身をやつしてみたいものです。

■ 業腹(ごうはら)

意味 非常に腹の立つこと。忌々しいこと。しゃくに触ること。

「他の手に乗るのは何よりも業腹でした」(『こころ』)

解説 業腹とは、はらわたが煮えくり返るほどの怒りを意味します。「本当にムカつく!」と言うと「そうカリカリしないで」などと言われそうですが、「本当に業腹!」と言えば、相手は「?」……(笑)。言葉の説明をするうちに、怒りも少しおさまるかもしれません。

■ 馥郁たる(ふくいくたる)

意味 よい香りがあたりに漂っている様子。香気の盛んに香るさま。

「ただ馥郁たる匂が食道から胃のなかへ沁み渡るのみである」(『草枕』)

解説 恋人と梅林を歩きながら、ふと目を閉じ「なんとも言えない、この馥郁たる香り」などとつぶやけば、「なんて素敵な文学青年!」と相手の目がハートになるかもしれません。食事のシーンでもよく使われる表現ですから、覚えておいて損はないでしょう。

■ 名状しがたい(めいじょうしがたい)

意味 説明できない。物事の有様を言葉にできない。

「刺激がないから、窈然として名状しがたい楽がある」(『草枕』)

解説 ある状態や様子などを言葉で表現することを「名状」といいます。そこで、素晴らしい、悔しいなど、感情が大きく揺さぶられて上手く「名状」できない様子を、「名状しがたい」と表現するのですね。

■ 頗る（すこぶる）

意味 程度がはなはだしいこと。たいそう。非常に。ちょっと。いささか。

「床几の上には一升枡ほどな煙草盆が閑静に控えて、中にはとぐろを捲いた線香が、日の移るのを知らぬ顔で、頗る悠長に燻っている」（『草枕』）

解説 程度の副詞として「頗る愉快だ」「頗る迷惑な話」などと使います。また「頗るつきのいい男」といえば、それはもう「頗る」という語がつくほどに、たいそうよい男である、という意味合いになりますね。

■ 平生（へいぜい）

意味 普段。常日頃。ごく普通の状態。平素。

「平生使う必要のない字だから、記憶の底に沈んだまま、腐れかけていたものと見えます」（『こころ』）

解説 ビジネスメールなどで「平素よりお世話になっております」などと言いますが、この「平素」と同じ意味でありながら、少しだけ砕けた言い方となります。『平生の心がけ』（講談社）という本がありますが、これは「普段から気をつけていること。心得」といった意味合いです。

■ 才幹・材幹（さいかん）

意味 物事を上手く処理する能力、手腕のこと。

「自分のように、親から財産を譲られたものは、どうしても固有の材幹が鈍る、つまり世の中と闘う必要がないからいけないのだともいっていました」（『こころ』）

解説 「才幹がある」とは、テキパキしていて処理能力に富み、働きが優れているという意味。「あの人は、処理能力に欠けるね」などと言うと表現として凡庸ですから、「どうも才幹に欠けるね」、あるいは能力のある人には「才幹に優れているね」などと、言い換えてみてはいかがでしょう。

■ 利那（せつな）

意味 もともとは仏教用語で、時間の最小単位。極めて短い時間。瞬間。数の単位の一つ。

「しかし今の利那に起った出来事の詩趣はゆたかにこの五六行にあらわれている」（『草枕』）

解説 こちらも仏教用語で、指を一度はじくことを「一弾指」といい、この「一弾指」の間に65利那あるといわれていますから、いかに利那が短い時間を表すかおわかりになることでしょう。ちなみに「利那主義」というと、どこかかっこいい印象を受けますが、単に今が充実すればいいという考え方であり、先のことを考えないという意味にもなります。

第 **3** 章

言い間違いの
多い日本語

立派な社会人だというのに
"言い間違い"ばかりしていると、
思わぬ場面で「足を掬われる」もの。
ここでは「的を射た」ピックアップで、
言い間違えると恥ずかしい言葉を
厳選していますから、
必ず「濡れ手で粟」をつかむことができるでしょう。
これまで言い間違いの多かった人も、
きっと「汚名を雪ぐ」ことができるはずです。

※「」内の言葉はすべて、"本当の意味"を章内でご紹介しています。
足を掬われる（P110）、的を射る（P111）、濡れ手で粟（P116）、汚名を雪ぐ（P130）

足を掬われる

あし　　すく

本当の意味

すきにつけ入られ、思いがけない手段で失敗させられる。

 誤　足元を掬われる

 解説　　「足元」と「足」は"似て非なるもの"……と覚えよう!

　相手の弱みにつけこむことを「足元を見る」、相手が優れていて
かなわないことを「足元にも及ばない」などといいますが、これら
の慣用句で使われている「足元」という表現と、部分的に混同され
ているのかもしれません。たとえば「足元に気をつけて」と言う場
合、「道路のぬかるみなどに気をつけて」という意味合いですから、
「足元＝足」ではないのです。

　一方で、柔道ではまさに相
手の"足を掬う（足を払って
倒す）"「小外刈」という技が
あるのですが、これをイメー
ジしておくといいかもしれま
せん。

的を射る
まと　い

本当の意味

物事の肝心な点を的確に捉える。上手く目標に当てる。

誤 的を得る

解 説

弓道場の的は「得る」ものではなく「射る」ものですよね?

　これは、道理に適っているという意味合いの「当を得る」との混同でしょう。どちらも似た言葉ですので、間違える人も多いことと思います。
とう

　こういった場合、ビジュアル的に弓道場の「的」に弓を「射る」イメージを思い浮かべておけば、間違えることが少なくなるはずです。そう、**的は「得る」ものではなく「射る」もの。**ちなみに、弓道の的の真ん中の黒点は「正鵠」「図星」。そこから、要点を捉えていることを「正鵠を射る」「図星を指す」といいます。
せいこく

\ど真ん中/

風の便り
かぜ　　　　たよ

本当の意味

どこから来たともわからぬ便り。どこからともなく伝わってくる消息、噂。
風のつて。

 風の噂

 解説　　**風に乗ってやってくるのは「噂」ではなく「便り」です!**

　たしかに、「風の噂に聞いたんだけど……」なんて言いたくなっ
てしまいますね。森進一さんの演歌に『風の噂』という曲があるく
らいですから、今では間違いとは言い切れない、微妙な表現かもし
れません。

　とはいえ、**風に乗ってやってくるのは「噂」ではなく、やはり「便
り」**でしょう。「噂」とは「人
の噂も七十五日」というよう
に、やはり、人の口から口へ、
口コミ的に流れてくるもの。
決して風に乗るものではない
のです。「風」とセットにな
るのは「便り」だと覚えてお
きましょう。

極めつき
きわ

本当の意味

極め書き（刀剣・書画などの鑑定書）がついていること。
転じて、確かなものとして定評があること。

 誤 ~~極めつけ~~

 解説

**語源の「極め札」＝「鑑定書」と覚えれば、
間違えないはず！**

　正しく使っている人の方が少ない印象すらありますが、もともとは「折り紙つき」と同じく、**刀剣や書道具などの「極め札・極め書き（＝鑑定書）」がついている、という語源に端を発する言葉です。**ですから「鑑定書つき」ということで「極めつき」になるわけです。誰も「鑑定書つけ」のお宝、なんて言いませんよね。

　ちなみに、月極駐車場の
「月極」の読みは「つきぎめ」。
これは江戸時代からある言葉
で、一ヶ月ごとの契約のこと
です。

首を傾げる
くび　かし

疑問や不思議に思って、首をかたむける。不審に思う。

 誤　頭を傾げる

 解説

**はたして、あなたは「頭」を傾げることが
できるだろうか……?**

　はたして、首を硬直させたまま頭だけ傾げる、という動作ができ
るでしょうか……。犬などは可愛く首を傾げますが、人間にはなか
なか難しい動きのはずです。イラストにもあるように、**「頭（だけ）
を傾げる」ことが難しいとわかれば、必然、誤用も減っていくこと
でしょう。**

　ちなみに「首肯く」は「う
なずく」と読みます。「首肯
する」は納得すること。反対
のときは、「首肯しかねる」
といいます。
しゅこう

さかな
肴

本当の意味

酒を飲むときに添えて食べるもの。酒のつまみ。
酒席における歌舞や話題。

誤 酒の肴

 解説

「酒（さか）」＋「菜（な）」＝「肴」だけで
酒席の完成です！

「こいつを酒の肴にして、飲もうじゃないか」などと言う人も多いのではないでしょうか。昨今では、この「酒の肴」という表現を許容する辞書も増えてきているので、厳密な間違いではないものの、本来は肴の「さか」が酒、「な」が菜（副食）を表すので、そもそも**「肴」という言葉だけで酒を飲むときの食べ物という意味合いがあるんです。**

ちなみに、古くから肴として魚が出されることが多く、そのため「うお」が「さかな」という読み方に変化したのだとか。なんとも面白い語源ですね。

濡れ手で粟

本当の意味

骨を折らないで利益を得ることのたとえ。労少なく、得るところの多いこと。

 誤 濡れ手に粟、濡れ手に泡

 解説　**濡れた手"で"掬うのは「粟」であって「泡」ではありません！**

すく

　粟を濡れた手"で"掬うと、粟粒がたくさん手についてきますね。**あくまで、手"で"掬い、つかむわけですから「濡れ手"で"粟」と覚えるとよいでしょう。**中には「濡れ手に泡」と、完全なる勘違いをされている方もいらっしゃいますが、いくら手に石鹸の泡がついたところで、何の利益にもならないはず。そう考えれば、自然と泡ではなく粟だと、理解することができるはずです。

　粟は、ヒエ・麦・豆・イネと並んで「五穀」とされます。主食であり、「五穀豊穣」などといいますね。

ごこく

寝覚めが悪い

本当の意味

眠りからさめたあとの気分が悪い。
過去の行為が気になって、後味がよくない。

 誤 目覚めが悪い

 解説　**間違えやすい表現は"慣用句"として
しっかり覚えよう!**

　間違えやすい表現の一つです。そもそも「寝覚め」と「目覚め」
はほぼ同じ意味ですから、誤用する人の気持ちもわかります。**「寝
覚めが悪い」には「過去の行為が気になって、後味がよくない」と
いう意味もあるんですね**。自分がよくない行動をして、良心の呵責
を感じるという意味で使います。

　すっきり起きられるのは
「寝覚めがいい」。「目覚め」
は「自我の目覚め」「性の目
覚め」などとも使います。

なんで
あんなことを…

熱に浮かされる

熱（ねつ）
浮（う）

高熱のためうわごとを言う。一つのことに夢中になって理性を失う。

 誤　熱にうなされる

 解説　**いくらアイドルに夢中でも「うなされる」ことはないはず!?**

　もともとは高熱のためにうわごとを言うといった意味の言葉です。そこから、**高熱のためにぼーっと心を持っていかれる様子を表すようになり、正気を失って夢中でのぼせ上がっている状態を指すようになった**ということです。

　一方、誤用の「熱にうなされる」ですと、単に病気で苦しんでいるということになりますね。わかりやすく言うなら、アイドルのファンは、熱に浮かされてはいるでしょうが、熱にうなされてはいない、ということです。ぜひ、一度想像してみてくださいね。

熱が出て
うなされている人

二の足を踏む

<ruby>二<rt>に</rt></ruby>の<ruby>足<rt>あし</rt></ruby>を<ruby>踏<rt>ふ</rt></ruby>む

本当の意味

ためらって、どうしようかと迷う。しりごみする。
思い切って物事を進めることができないさま。

 誤 二の舞を踏む

 解説

足は「踏む」もの、
舞は「演じる」もの……ですよね!?

　これは、雅楽の舞の仕草を真似することに語源を持つ「二の舞を演じる」との混同でしょう。「二の舞を演じる」は同じ失敗をくり返すという言葉ですが、一方で「二の足を踏む」は、**躊躇する、進むことをためらう**といった意味合いとなります。

　覚え方としては、イラストにあるように、躊躇して先へ進めずに足踏みをする様子、次の一歩が出ない様子を、ビジュアルとして覚えておくといいですね。かろうじて一歩は踏み出してみたものの、二歩目に進めず、その場で"足踏み"しているイメージです。

合いの手を
入れる

本当の意味

歌と歌の間に楽器による演奏や手拍子を入れる。
会話に合わせて言葉や仕草をはさむ。

 誤 合いの手を打つ

 解 説　　**合いの手は「入れる」もの、相槌は「打つ」ものです!**

"間にはさみ込む"というイメージが重なることから、もしかすると「相槌を打つ」と混同して使われていることが多いのではないでしょうか。「相槌」とは、そもそも鍛冶などで師と弟子が交互に槌を打ち合い、刀などを鍛えることをいいます。一方、歌や踊りの調子に合わせて間に入れる「合いの手」には、手拍子だけでなく、かけ声もあれば、楽器の演奏もあります。

　これを機に、**相槌（＝槌）はカンカンと刃を鍛えるように「打つ」もの、合いの手（＝手拍子）はパチパチと「入れる」もの、と覚えてしまいましょう。**

Aメロ　Bメロ

あソレ!

足蹴にする

あし　　げ

本当の意味

人や動物を足で蹴ること。
転じて、他人にひどい仕打ちをすること。

誤 足蹴りにする

 解 説

**「足蹴」にされた貫一が、
お宮を「足蹴り」したと覚えよう!**

　尾崎紅葉の小説『金色夜叉』の主人公・貫一とお宮の銅像が、熱海にあります。有名なのでご存じの方も多いかと思いますが、この像では、なんと貫一がお宮をまさに"足蹴り"をしているんですね。ところが、許嫁であるにもかかわらずお宮がお金持ちと婚約してしまったという意味では、実は、貫一の方がお宮に"足蹴にされている"んです……。

　ひどい仕打ちに遭わされた（＝足蹴にされた）貫一が、本当の足蹴りをお宮に食らわしたという経緯を知ることで、自然と正しい意味合いが頭に入るのではないでしょうか。

足蹴にされたのは
僕の方だ!

怒り心頭に
発する

本当の意味

はげしく怒り、いきどおる。

 怒り心頭に達する

 解説

怒りが心に"発する＝湧き上がる"ビジュアル
イメージを描いて!

「心頭」というのはなかなか面白い言葉でして、胸のあたり、つまり心の中のことです。ところが「頭」という漢字があるために、頭のてっぺんあたりをイメージする人が多いようですね。「頭にきた」という言葉もあることで、怒りが頭にまで"達する"と勘違いされてしまうのでしょう。

　胸のハートで怒りが発する、湧き上がるとイメージしましょう。ちなみに「心頭滅却すれば火もまた涼し」は、困難な状況でも心を無にすれば大丈夫ということです。

風上に
置けない
かざ かみ
お

本当の意味

性質や行動の卑劣な人を、憎しみののしっていう言葉。面よごし。
つら

誤 風下に置けない

解説

**「風下」だったら"置いてもいいけど……"と
なりませんか!?**

　悪臭を放つものが風上にあると嫌ですよね。つまり、**いかにも嫌
な臭いを発している卑劣な人間が風上に立っていると、まるで、そ
の臭いが風に乗って漂ってくるようで、みなさん困るわけです。**で
も、それが風下であった場合「臭わないから、まあ置いてもいいけ
ど？」ということになります。このことをしっかり理解していれば、
「風上に置けない」を「風下
に置けない」と間違えること
はなくなるでしょう。

　ちなみに、「下にも置かな
い」は下座にも置かないとい
うことで、丁重に取り扱うと
いう意味です。
した
しもざ

間髪を容れず
<small>かん はつ い</small>

本当の意味

少しも間を置かず直ちに。即座に。すぐさま。

誤 <small>かんぱつ</small>
間髪入れず、間髪を置かず

解説

間に"一呼吸"入れて読むことで、
言い間違いを防ごう!

　本来はイラストのように**"髪1本も入れる隙間がない"という意味合いの言葉**ですから、「間、髪（はつ）を容れず」と「間」の後に一拍入ります。ところが、これを「間髪（かんぱつ）」と続けて読んでしまう人が多いようですね。ぜひ、「間」と「髪」の間に一呼吸入れて読むようにしましょう。

　「間髪を置かず」という誤用も見られますが、こちらは「間を置かず」と混同されているのかもしれません。しかし、髪の毛を"置く"人はいませんよね。

照準を
合わせる
しょうじゅん
あ

本当の意味

射撃などで的を合わせること。また、狙いを定めること。

 誤 照準を当てる

 解説

**漫画『ゴルゴ13』のデューク東郷に学ぶ、
正しい日本語!**

　私の大好きな漫画『ゴルゴ13』（リイド社）では、世界を股にかけ活躍する超一流のスナイパー・デューク東郷が、敵に銃の"照準を合わせる"場面がよく見られます。ターゲットに銃を向け、さらに手元で照準を合わせて、確実に狙いを定めるわけです。ですから、**照準とはあくまで合わせるものであって、当てるものではないんですね**。「焦点を当てる」との混同かもしれません。

　ぜひ、漫画のイメージと一緒に覚えておきましょう。日本漫画界の重鎮、さいとう・たかをさんの代表作ですから、みなさんもぜひ読んでみてくださいね。

血と汗の結晶

本当の意味

非常な忍耐と努力、苦労を重ねて、ようやく得ることのできた成果。

 誤　血と涙の結晶

 解　説

努力して流すのは「涙」ではなく「汗」だと思いませんか……?

「血と汗の結晶」といえば、**大変な努力を意味します**。汗は努力の象徴ですが、それが「結晶」化するにはそれなりの時間がかかります。つまり、長い時間をかけて努力を積み重ねてきたことがわかるんですね。

甲子園に行くような野球チームでしたら、汗と一緒に素振りで血がにじむこともあったでしょう。いわゆる"血のにじむような努力"というわけです。したがって、もし涙が「結晶」化しているとすれば、私なら思わず「泣く前に汗を流せ!」と言いたくなってしまいます。

二の句が継げない

本当の意味

驚いたりあきれたりして、言うべき次の言葉がなかなか出てこない。

 誤 二の句が出ない、二の句が告げない

解説 「一の句」から「二の句」へ"継ぐ"のは難しい、と覚えよう!

ここでいう「二の句」とは、雅楽の朗詠における第二番目の句を指す用語。どうも、第一句の終わりから第二句に移る際、急に高い音になったりするので、なかなか第二句を詠うのが難しいらしいんですね。高音で息が切れるため「二の句」を続けて詠うことが容易ではないため、**二の句が出ないのではなく、あくまで"継ぐ"のが難しいわけです**。

他に雅楽由来の言葉として、「打ち合わせ」「三拍子そろう(太鼓・大鼓・小鼓)」「甲高い」「メリハリをつける」「呂律が回らない」「図に乗る」「やたら」などがあります。

焼けぼっくいに火がつく

本当の意味

かつて関係のあったものが一度縁が切れて、また元の関係に戻ること。多く、男女関係にいう。

 誤 焼けぼっくりに火がつく

 解説　「松ぼっくり」と「焼けぼっくい」を
混同していませんか!?

「焼けぼっくい」を漢字で書くと「焼け木杭」。「杭」は木の棒ですから、それが焼けているということで、燃えさしの杭というわけです。この焼けぼっくいですが、そもそも**燃えやすい木が途中まで焼けてしまっているものですから、極めて火がつきやすい状態にある。そのために、男女の仲を指すようになったんですね。**

それにしても、みなさんは焼けた「松ぼっくり」を見たことはありますか？　少なくとも私はありません……。「ぼっくり」ではなく「ぼっくい」です。ちなみに、一度離縁した夫婦の仲は元には戻らないことを「覆水盆に返らず」といいます。

延々と
<ruby>延<rt>えん</rt></ruby><ruby>々<rt>えん</rt></ruby>と

本当の意味

いつ終わるかも知れず、とぎれることなく長く続くさま。久しいさま。

~~誤~~ 永遠と

解 説

円周率は「延々と」続くもので
「永遠と」続くものではありません！

延々と続いていくものに「円周率」があります。**この円周率は "延々と" 続きますが、"永遠と" 続くものではありません**。そう "永遠に" 続くもの。つまり、単純に「音」を勘違いされての誤用です。まずは、延々と "伸びていく" イメージを持っていただくとよいのではないでしょうか。

「永遠と」自体が「延々と」の誤用ですから、決して「永遠」に「と」をつけないようにしてください。ネットニュースやテレビ番組のテロップで、頻繁に見かける言い間違いの一つです。

汚名を雪ぐ

おめい そそ

本当の意味

悪い評判や不名誉、恥などのつぐないをする。恨みをはらす。

誤 汚名をはらす、汚名挽回

解説

「雪ぐ」の意味をおさえることで、間違いはなくなるはず!

まずは「雪ぐ」が「すすぐ」という意味であることに注目してみてください。「すすぐ」とは、汚れたものをきれいに洗い清めるということですから、同じように、**汚れてしまった名誉、汚れてしまった評判を洗ってきれいに（元に）戻す、**というわけです。イラストにある通り、汚れた名前を洗うイメージを持っておくとよいでしょう。

また、「汚名返上」を「汚名挽回」と誤用している方もいらっしゃいますが、くれぐれも汚名は挽回せず"返上"してくださいね。挽回するのは名誉です。

目端が利く

<ruby>目<rt>め</rt></ruby><ruby>端<rt>はし</rt></ruby>が<ruby>利<rt>き</rt></ruby>く

本当の意味

気転が利く。目先が利く。
その場に応じて、様子を見はからう才知がある。

誤 目鼻が利く

解説

**「目端」＝「目の端」＝「眼力」＝「気転が利く」と
イメージ!**

　物事におおよその見通しが立つことを意味する「目鼻がつく」との混同でしょう。福笑いなどでも、目鼻の位置が決まると全体像が見えてきますよね。一方で、目端とは目の端のことですが、転じて**眼力、気転などを意味します。目の端で捉えたものに対して、抜け目なくフレキシブルに対応できるのは「目鼻」ではなく「目端」が利く人、ということです。**

「目鼻が利く」と誤用する方は、どこか五感が鋭く機能しているイメージをお持ちかもしれませんが、これは明らかな間違いです。

あっ！その件は

完了してます！

あっ！落とし物だ

舌先三寸
(した さき さん ずん)

本当の意味

口先だけで巧みに人をあしらう弁舌。
心がこもらず、口先だけであること。おしゃべり。

誤　口先三寸

解説

口先が「三寸（9cm）」も伸びていたら、怖いですよね……?

　一寸は約3cmですから、三寸といえば9cmほど。実際のサイズを考えてみるとさほど短いようには思えませんが、たとえとして「三寸」という場合、それは小さい、短い、といった意味となります。**つまり、小さい舌でペラペラとよくしゃべる様子を表す言葉です。**

　誤用の「口先三寸」ですが、舌が短いという表現はあっても、口先が短いという表現はありません。口がカラスのように9cmも伸びていたら、恐怖ですよね……。くれぐれも「口先」ではなく「舌先」だと覚えておいてください。

新規蒔き直し
しんきまきなお

本当の意味

今までの事をあらためて、新しくやり直すこと。

誤 新規巻き返し

解説

「巻き直し」ではなく「蒔き直し」である点に注目しよう!

巻き返したい気持ちはわかりますが、そもそも「巻き直し」ではなく「蒔き直し」である点に注目してください。「蒔く」という漢字に草冠がある通り、**あらためて種を蒔くことを意味します**。これを「巻き直し」→「巻き返し」と、誤認している方が多いのではないでしょうか。あらためて何かを新しくやり直す場合の「蒔き直し」の場合、イラストのように種を蒔く人をイメージしておくとよいかもしれません。

ちなみに「巻き返し」には、巻物を元の状態に戻す、あるいは勢いを盛り返して反撃するといった意味があります。

取りつく島もない

本当の意味

頼りにして取りすがるところがない。
つっけんどんで、相手をかえりみる態度が見られない。

誤 取りつく暇もない

解説

溺れて取りつく「島」はあるけど、「暇」はないよね……?

「島」と「暇」は音が似ているので、間違える人が多いのでしょう。どこか、「忙しくて取りつく暇もない」というニュアンスで誤認されているのだと思います。では、なぜ「島」なのかというと、**川や海で溺れている人が、何かに取りすがりたいけれども、イラストのように取りつく「島」がないというわけです。**

インドにある川の中洲のような場所を「島(洲)」と訳しますが、こちらには川の激流(=煩悩)を渡って「島(= すがるもの)」に辿り着くという仏教的な意味合いもあるようです。

押しも
押されもせぬ

本当の意味

実力があって、他人に左右されたりしない。
堂々として立派である。れっきとした。

誤 押しも押されぬ、押すに押されぬ

解説　「も」を一つ入れたら、もう一つ「も」を入れましょう!

　自分から推薦する必要も、他人から推薦される必要もないほど、堂々たる実力ということで、**たとえ押されてもびくともしないような実力者を指す言葉です。**

「押しも押されぬ」と誤用されている場面をたびたび見かけますが、せっかく「も」を一つ入れたなら、もう一つ「も」を入れるよう、これを機に覚えておきましょう。加えて「押すに押されぬ」も完全な誤用ですから、気をつけてくださいね。

　ちなみに『ドリトル先生』シリーズ（井伏鱒二訳・岩波書店）には、オシツオサレツというおしりにも頭がある動物が出てきます。

お眼鏡に適う

めがね　かな

本当の意味

目上の人などに認められ、気に入られること。

 誤　お目に適う

 解　説

「お眼鏡」はメガネではなく
「物事を見抜く眼力」という意味!

　この場合の「眼鏡」とは耳にかけて視力を調整するメガネのことではなく、**その人の目の尺度、つまり、ものを見分けるための"眼力"を指します。この眼力とは、物事の善悪を見抜く鑑識眼のこと。**したがって、その人の見分ける"眼力"にフィットすることを「お眼鏡に適う」と表現するのです。

　この「眼鏡」の意味さえつかんでおけば、自然と間違うことも少なくなるでしょう。相手のメガネがたまたま顔にフィットしても、度数が合わなければ何の意味もありませんよね。

あの子
やるな…

1.2.3

したつづみを打つ

本当の意味

おいしいものを飲み食いしたときに、舌を鳴らすこと。

 誤 したづつみを打つ

 解説

おいしすぎて、思わず打楽器「つづみ」を打ちたくなる!?

「つづみ」とは能楽などで用いる打楽器の「鼓」のこと。ですから、**おいしいものを食べたり飲んだりしたときに「おいしいねえ、ポン!」といった感じで鼓を打つような舌の音を指すわけですね。**とはいえ、実際に舌を「ポン!」と鳴らす人はいませんから、まるで鼓を打ちたくなるほどにおいしい様子、と覚えておくとよいのではないでしょうか。

ちなみに、あまり一般的ではないものの、不満や不快を表す場合にも「したつづみ」を使うことがあります。この場合は、「舌打ち」を使いますね。

しかつめらしい

本当の意味

堅苦しく形式ばっているさま。もっともらしい。真面目くさっている。

 しかめつらしい

解説

「しかつめ（鹿爪）」と「しかめる（顰める）」は
まったく違う!

もっともらしく、いかにも真面目くさった顔を「しかつめ（鹿爪）顔」といいます。「しかつべらしい」が変化したもので、鹿爪は当て字です。おそらく、不機嫌そうな顔を表す「しかめっつら」「しかめづら」あたりと混同されているのだと思います。

まずは、「しかつめ（＝鹿爪）」と「しかめる（＝顰める）」が、意味合いを含め、まったく異なる言葉であることを、しっかり認識しておくとよいかもしれません。いくら顔をしかめてみても、「しかつめ顔」にはなれませんよ。

しかめっつら
↓

真面目

脚光を浴びる
きゃっ こう あ

本当の意味

舞台に立つ。脚本が上演される。世間の注目の的となる。

❌ 脚光を集める

解説 「脚光（スポットライト）」は集めるのではなく
"浴びる"もの!

　賞賛や注目は「集める」ものですが、脚光には「光」が含まれていることにご注目ください。光は集めるだけではなく、ぜひとも浴びていただきたい。つまり、脚光とは舞台に立つスターが浴びるスポットライトのようなものです。そう、**スポットライトは「集める」ものではなく「浴びる」ものなのです。**

　脚光を思う存分浴びたあとには、注目も集まることでしょう。「脚光」＝「スポットライト」としっかりイメージすることで、間違いはぐっと減るはずです。

触手を伸ばす

しょく　しゅ　　　の

本当の意味

野心を持って、徐々に行動に移す。ほしいものを得ようと、相手に近づく。

✗誤　食指を伸ばす

解説

**「食指」と「触手」の意味の違いから、
正しく覚えよう!**

　食欲が起こること、転じて、物事を始めようという気になる故事成語「食指が動く」と混同されている方が多いのかもしれません。ちなみに、この場合の「食指」は、人差し指を指します。一方で、触手とは、イソギンチャクなどの無脊椎動物の体や口周辺にあるヒモ状の突起のこと。**触手は捕食のために働きますから、まさにほしいものを得ようと相手に近づくという意味合いになるわけです。**この「食指」と「触手」の違いを覚えておきましょう。人差し指よりも触手の方が、ほしいものを確実に狙うことができそうですよね。

うにょ～ん

二つ返事
ふた へん じ

本当の意味

ためらうことなく、すぐに承諾すること。
「はい、はい」と二つ重ねて返事をすること。

 一つ返事

 解説　**なんと「『はい』は1回！」ではなく
「『はい』は2回！」だった？**

　本来の意味合いはさておき、「はい、はい」と2回返事をすること
で、どこか嫌がっている、ためらっているニュアンスにも感じられ
ますね。そのため「『はい』は1回！」などと言う親御さんも多く、
「一つ返事」という言い方が生まれてしまったのかもしれません。
個人的にはなぜ「一つ返事」と間違える方がいらっしゃるのか不思
議ですが、これは明らかな誤
用です。

　**もともと「はい、はい」と
二つ返事をすることは「すぐ
にやります！」という意志を
表す、ポジティブな意味合い
なんですよ。**

おわりに 👓

　最近、本を読む人が減っています。本の文章には、編集者や校閲者などの目が通されていますから、比較的「正しい日本語」が書かれていることが多いのですが、インターネット上の文章は、誰でも書き込めるという気軽さがある一方で、編集者も校閲者もいませんから、かなり間違った言葉で溢れているわけです。

　私は仕事柄、どうしてもこれらの間違いに敏感になってしまいます。インターネットのみならず、出演しているテレビのテロップなどでも変換ミスといった間違いを発見して、思わずスタッフに伝えることも多くあります。

　ネットニュースなど、今私たちが頻繁に目にする文章には、つまるところ、それだけ日本語の間違いが多いということ。チェックもせずに垂れ流された日本語にばかり触れていれば、次第に私たちの日本語力も低くなっていくことでしょう。

そう、私たちが"間違えやすい日本語"で間違ってしまう背景には、本を読む人が少なくなっている「活字離れ」にこそ原因があるのです。

　そこで、本書で「大人の常識としての日本語力」を身につけたみなさまにおかれましては、これを機に、あらためて活字文化を意識していただくことで、より一層の「日本語力アップ」に繋がることと存じます。

　「はじめに」でも書いた通り、ふとした言葉遣いにこそ、その人の教養がにじみ出るもの。本書のコラム「センスを磨く！夏目漱石が使った日本語」(P106)をお読みいただければと思いますが、日本語には正しいか間違いかだけではない、奥深さや味わいがあるものです。

　そんな日本語の味わいを知ってこそ、本来的な意味で「教養のある人」といえるのかもしれません。

令和6年1月　齋藤孝

参考文献	『精選版 日本国語大辞典』(2016年 小学館)
	『明鏡国語辞典 第二版』(2013年 大修館書店)
	『広辞苑　第五版』(1999年 岩波書店)
	齋藤孝『大人の語彙力大全』(2017年 KADOKAWA)

デザイン	西垂水 敦、市川さつき、内田裕乃(krran)
イラスト	小針卓己
写真	アフロ
編集協力	国実マヤコ
校正	麦秋新社
編集	青柳有紀、安田 遥(ワニブックス)

二度と忘れない！ イラストで覚える

大人の教養ことば

齋藤孝 著

2024年2月4日　初版発行

発行者	横内正昭
発行所	株式会社ワニブックス
	〒150-8482　東京都渋谷区恵比寿4-4-9　えびす大黒ビル
	ワニブックスHP　http://www.wani.co.jp/
	(お問い合わせはメールで受け付けております。HPより「お問い合わせ」へお進みください)
	※内容によりましてはお答えできない場合がございます。

印刷所	TOPPAN株式会社
DTP	株式会社明昌堂
製本所	ナショナル製本

定価はカバーに表示してあります。落丁本・乱丁本は小社管理部宛にお送りください。送料は小社負担にてお取替えいたします。ただし、古書店等で購入したものに関してはお取替えできません。本書の一部、または全部を無断で複写・複製・転載・公衆送信することは法律で認められた範囲を除いて禁じられています。
JASRAC 出 2308847-301

©齋藤孝 2024　ISBN 978-4-8470-7394-6